사도행전 따라쓰기

원고지형

1. 시작일 : 년 월 일
2. 목표일 : 년 월 일
3. 종료일 : 년 월 일

사도행전 따라쓰기

초판 1쇄 인쇄 2018년 01월 10일
초판 1쇄 발행 2018년 01월 15일

펴낸이 박진하
교 정 목윤희
사도행전 개요 및 문제 황갑수 (달라스신학대학원 STM 수료 / 성경해석학)
디자인 신형기
펴낸곳 홈앤에듀
신고번호 제 379-251002011000011호
주 소 경기도 성남시 수정구 복정동 639-3 정주빌딩 B1
전 화 050-5504-5404
홈페이지 홈앤에듀 http://www.homenedu.com
패밀리 홈스쿨지원센터 http://homeschoolcenter.co.kr
아임홈스쿨러 http://www.imh.kr
아임홈스쿨러몰 http://www.imhmall.com
E-mail 4idad@naver.com

ISBN 979-11-962840-0-8 03230
값 15,000원

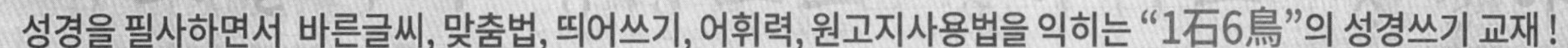
성경을 필사하면서 바른글씨, 맞춤법, 띄어쓰기, 어휘력, 원고지사용법을 익히는 "1石6鳥"의 성경쓰기 교재 !

원고지형

사도행전 따라쓰기

속뜻 단어풀이

성경읽기표 제공

홈앤에듀

“성령행전이라 불리는 사도행전”을 눈으로 읽고 따라쓰며 마음에 새겨보는 시간을 매일 가져보세요.

사도행전 따라쓰기를 꾸준히 하면 어떤 유익이 있을까요?

1. 매일 매일 하나님의 말씀을 읽고, 쓰고, 묵상하는 시간을 가짐으로 말씀의 의미를 더 깊이 알 수 있습니다.
2. 바른 글씨를 쓰는 데 도움이 됩니다.
3. 맞춤법 연습에 도움이 됩니다.
4. 속뜻단어풀이를 통해 어휘력을 증진시킬 수 있습니다.(속뜻, 한자, 영어)
5. 원고지형이기에 띄어쓰기에 대해 확실하게 인지할 수 있습니다.
6. 원고지 쓰는 방법을 자연스럽게 익힐 수 있습니다.

사도행전 따라쓰기를 이렇게 이용하세요.

1. 기도로 먼저 시작하세요.
 - 하나님의 말씀을 눈으로 읽고, 입으로 말하며 필사할 때 깊이 깨달아 알 수 있도록 성령의 도우심을 구하세요.
2. 목표일을 정해놓고 매일 매일 쓰세요.
 - 몸에 좋은 보약도 목표일을 정해놓지 않으면 흐지부지 될 수 있습니다. 꼭 목표일을 정해놓고 시작하세요.
3. 사도행전 각 장의 개요를 서너번 반복해서 천천히 읽어보세요.
4. 하단에 제공되는 속뜻단어풀이를 천천히 읽어보세요.
 - 아는 단어라 할지라도 속뜻단어풀이를 살펴보시면 뜻이 더욱 명쾌해집니다.
5. 하루 분량을 마친 후에는 천천히 묵상하는 마음으로 읽어보세요.
 - 쓰는 것 보다 쓰고 난 후 천천이 여러번 말씀을 되뇌이며 묵상함이 더 중요합니다. 말씀 가운데 주시는 은혜와 깨달음을 사모하세요.
6. 각 장마다 제공되는 [사도행전의 이해를 돕는 문제]에 답을 달면서 그동안 읽고 써보았던 내용을 다시 한번 살펴보세요.
7. 기도로 마무리하세요.
 - 읽고 쓰고 묵상하면서 깨달은 내용으로 죄를 고백하며 하나님의 은혜에 감사하는 기도를 하세요.

속뜻단어풀이 이렇게 제작되었습니다.

– 본 사도행전 따라쓰기에는 쪽마다 보통 두세 단어의 속뜻단어풀이가 제공됩니다.

– 속뜻단어풀이는 LBH교육출판사의 허가 하에 베스트셀러인 [초중교과 속뜻학습 국어사전]과 [우리말 한자어 속뜻사전]의 단어풀이를 인용하였으며 없는 단어는 성경사전 및 그 외 사전을 참조하였고 몇몇 단어는 성경사전의 뜻을 추가하기도 하였습니다. (재인용을 금지합니다.)

한자 훈음 = 힌트(속뜻) ➔ 저절로 기억

▶ **Learning by Hint** : 힌트 활용 학습

※ **Learning by Heart ('기억하다')**

→가슴으로 공부하기

님에 대한 존경심.
존귀 尊貴 | 높을 존, 귀할 귀
[be high and noble]
지위나 신분이 높고[尊] 귀(貴)함. ¶이 세상 사람들은 모두 존귀하다. ⓑ비천(卑賤).
존대 尊待 | 높을 존, 대접할 대
[treat with respect]
❶ 속뜻 높이[尊] 받들어 대접(待接)함. ❷ 존경하는 말투로 대함. ¶그는 항상 나를 깍듯이 존대했다. ⓑ하대(下待).
존댓-말 (尊待-, 높을 존, 대접할 대)
[honorific language]

속뜻단어풀이란?

우리말의 70%이상을 차지하는 한자어는 각 한자에서 힌트를 찾아내어 어휘의 속뜻을 이해하면 쉽습니다. 본 도서에서 인용한〈초중교과 속뜻학습 국어사전〉에서는 어휘의 속뜻풀이를 통해 아이들의 이해력과 사고력을 높이도록 하고 있습니다. 또한 단어마다 해당 영어어휘가 병기되어 일석삼조의 효과를 줍니다.

사도행전의 명칭

– 헬라어 : 프락세이스
– 라틴어 : Actus Apostolorum
– 번역 : 사도들의 행적

사도행전의 저자와 저작연대

사도행전은 사도 바울의 선교여행에 함께 하였던 의사 누가가 서기 62년 경(바울의 순교 전)에 기록한 두 번째 책으로서, 아시아와 유럽 지역에 걸친 교회의 설립과 성장과정을 그리고 있다.

사도행전은 어떤 책인가?

사도행전은 예수님의 승천부터 서신서가 기록된 기간 동안의 기독교 역사를 서술해주는, 복음서와 서신서들의 가교역할을 하는 중요한 책이다. 우리는 이 책에 기록된 말씀을 통하여 승천하신 예수님께서 성령의 모습으로 다시 오셔서 사도들과 여러 신자들(제자들)을 어떻게 인도하시고, 어떻게 교회를 세우고 자라게 하셨는지를 보게 된다. 또한 이스라엘 민족만이 아니라, 어떻게 세계 모든 민족이 예수 그리스도를 믿음으로 하나님께 돌아와서 함께 한 몸을 이루어 가는지를 사도행전을 통해 확인할 수 있다.

사도행전의 기록목적

① 신자와 교회의 신앙을 강화하고 전해진 복음을 확증하기 위해 기록했다.
② 복음이 유대인과 동일하게 이방인을 위한 것임을 보여 주기 위한 것이다. 특히 구약의 예언 성취(눅 24:47; 행 15:15–18)를 따라 유대인과 이방인이 함께 믿음으로 하나님의 교회를 이루는 모습을 전하기 위한 것이다.
③ 성령의 능력으로 복음이 전파되고 교회가 세워지며 신자와 교회의 풍성한 축복과 성장이 이뤄진다는 사실을 강조하기 위한 것이다.
④ 종교적으로 유대인의 도전과 박해, 정치적으로 로마인의 압제와 문화적으로 헬라 사상으로부터 위협을 받는 상황에서 복음을 변증하기 위한 것이다.

사도행전의 내용

① 제1–7장까지는 예루살렘(Jerusalem)에서의 교회의 설립과 성장 과정을 보도하고 있다.
② 제8–12장까지는 복음이 온 유대와 사마리아 및 팔레스틴 지경을 넘어 수리아의 안디옥까지 확장되어 가는 과정을 보여 주고 있다.
③ 제13–28장까지는 수리아의 안디옥 교회 (Antioch Church)를 선교 기지로 하여 그야말로 복음이 땅 끝을 향해 (to the Ends of the Earth) 확장되어 가는 과정을 보여 주고 있다. 물론 사도행전 전체의 진정한 주역은 성령님이시다.

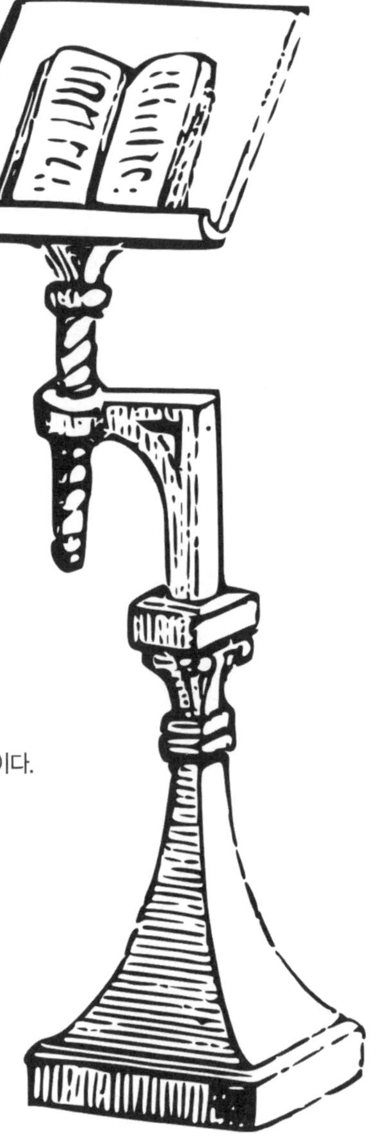

제 1 장

1. 데오빌로여 내가 먼저 쓴 글에는
무릇 예수께서 행하시며 가르치시기를
시작하심부터
2. 그가 택하신 사도들에게 성령으로
명하시고 승천하신 날까지의 일을 기록
하였노라.
3. 그가 고난 받으신 후에 또한 그들
에게 확실한 많은 증거로 친히 살아
계심을 나타내사 사십 일 동안 그들에

속뜻단어 풀이

- **승천 昇天** | =陞天. 오를 승, 하늘 천 [ascend to heaven] ① 속뜻 하늘[天]에 오름[昇]. ¶ 용이 여의주를 물고 승천했다. ② 가톨릭 '죽음'을 이르는 말.
- **증거 證據** | 증명할 증, 근거할 거 [evidence; proof] 속뜻 어떤 사실을 증명(證明)할 수 있는 근거(根據). ¶ 그가 돈을 훔쳤다는 증거는 없다.

게 보이시며 하나님 나라의 일을 말씀하시니라.
4. 사도와 함께 모이사 그들에게 분부하여 이르시되 예루살렘을 떠나지 말고 내게서 들은 바 아버지께서 약속하신 것을 기다리라.
5. 요한은 물로 세례를 베풀었으나 너희는 몇 날이 못되어 성령으로 세례를 받으리라 하셨느니라.
6. 그들이 모였을 때에 예수께 여쭈어

속뜻단어 풀이

• **사:도 使徒** | 부릴 사, 무리 도 [apostle] ① 기독교 예수가 복음을 널리 전하는 것을 시키기[使] 위하여 특별히 뽑은 열두 제자[徒]. ②신성한 일을 위하여 헌신적으로 일하는 사람을 비유하여 이르는 말. ¶ 정의의 사도가 나가신다.

• **분부 分付** | =吩咐, 나눌 분, 줄 부 [bid; give directions] ① 속뜻 여러 사람에게 나누어 시키거나 나누어[分] 줌[付]. ②윗사람의 '당부'나 '명령'을 높여 이르는 말. ¶ 분부를 잘 받들겠습니다.

이르되 주께서 이스라엘 나라를 회복하
심이 이 때니이까 하니
7. 이르시되 때와 시기는 아버지께서
자기의 권한에 두셨으니 너희가 알 바
아니요
8. 오직 성령이 너희에게 임하시면 너
희가 권능을 받고 예루살렘과 온 유대
와 사마리아와 땅 끝까지 이르러 내
증인이 되리라 하시니라
9. 이 말씀을 마치시고 그들이 보는데

속뜻단어 풀이

- **권한 權限** | 권리 권, 끝 한 [right(s) (to); authority; power] 어떤 사람이나 기관의 권리(權利)나 권력(權力)이 미치는 범위[限]. ¶ 국회는 법률을 제정할 수 있는 권한이 있다. ㊍ 권리(權利).
- **권능 權能** | 권세 권, 능할 능 [power; authority] ① 속뜻 권세(權勢)와 능력(能力)을 아울러 이르는 말. ¶ 황제의 위엄과 권능을 보여주었다. ② 법률 권리를 주장하고 행사할 수 있는 능력.

올려져 가시니 구름이 그를 가리어 보
이지 않게 하더라.
10. 올라가실 때에 제자들이 자세히
하늘을 쳐다보고 있는데 흰 옷 입은
두 사람이 그들 곁에 서서
11. 이르되 갈릴리 사람들아, 어찌하
여 서서 하늘을 쳐다보느냐? 너희 가
운데서 하늘로 올려지신 이 예수는 하
늘로 가심을 본 그대로 오시리라 하였
느니라.

속뜻단어 풀이

• **제:자 弟子** | 아우 제, 아이 자 [disciple; follower] ① 속뜻 아우[弟]나 자식[子]같은 사람. ②스승의 가르침을 받거나 받은 사람. ¶ 스승의 날이면 제자들이 찾아온다. ㉶ 스승.

12. 제자들이 감람원이라 하는 산으로부터 예루살렘에 돌아오니 이 산은 예루살렘에서 가까워 안식일에 가기 알맞은 길이라.

13. 들어가 그들이 유하는 다락방으로 올라가니 베드로, 요한, 야고보, 안드레와 빌립, 도마와 바돌로매, 마태와 및 알패오의 아들 야고보, 셀롯인 시몬, 야고보의 아들 유다가 다 거기 있어

속뜻단어 풀이

- **감람원** [Mount of Olives] 감람나무가 심겨진 동산으로 감람산의 또 다른 명칭이다. 예수님의 승천을 목격한 제자들은 이곳을 떠나 예루살렘으로 돌아왔다(행 1:12). 지금 감람산의 정상에는 예수님께서 승천하신 장소라는 전설에 따라 육각의 기념 돔이 세워져 있다. 이곳은 메시아의 강림과도 밀접하게 관련되어 있다고 보기도 한다(겔 11:23).
- **안식-일 安息日** | 편안할 안, 숨 쉴 식, 날 일 [the Sabbath] 기독교 일을 쉬고[安息] 예배 의식을 행하는 날[日]. 곧 일요일을 이른다. 예수가 일요일 아침에 부활했다는 데서 유래한다.
- **다락 (樓, 다락 루)** [upper story; loft over a kitchen] ① 건축 부엌 천장 위에 이층처럼 만들어서 물건을 두게 된 곳. ② 다락집. 비 누각(樓閣), 문루(門樓), 초루(譙樓).

14. 여자들과 예수의 어머니 마리아와
예수의 아우들과 더불어 마음을 같이하
여 오로지 기도에 힘쓰더라.
15. 모인 무리의 수가 약 백이십 명
이나 되더라. 그 때에 베드로가 그
형제들 가운데 일어서서 이르되
16. 형제들아 성령이 다윗의 입을 통
하여 예수 잡는 자들의 길잡이가 된
유다를 가리키어 미리 말씀하신 성경이
응하였으니 마땅하도다.

속뜻단어 풀이

- **아우 (弟, 아우 제)** [man's younger brother; junior] ① 형제 중에서 나이가 적은 사람. ② 나이가 든 친한 남자나 여자끼리의 사이에서 자기보다 나이가 적은 사람. ㉥ 동생. ㉤ 언니, 형(兄).
- **길잡이** [guide] ① 길을 인도해 주는 사람이나 사물. ¶ 소나무를 길라잡이로 삼고 찾아가다. ② 나아갈 방향이나 목적을 이끌어 주는 지침. ¶ 성서는 내 인생의 영원한 길잡이다. ㉥ 길라잡이, 이정표(里程標).

17. 이 사람은 본래 우리 수 가운데 참여하여 이 직무의 한 부분을 맡았던 자라.

18. (이 사람이 불의의 삯으로 밭을 사고 후에 몸이 곤두박질하여 배가 터져 창자가 다 흘러 나온지라

19. 이 일이 예루살렘에 사는 모든 사람에게 알리어져 그들의 말로는 그 밭을 아겔다마라 하니 이는 피밭이라는 뜻이라)

속뜻단어 풀이

- **삯** [wages; pay; hire] 일한 데 대한 보수로 주는 돈이나 물건. ¶ 하루에 5만 원씩 삯을 받고 일하다.
- **곤두박-질** [falling headlong] 몸을 번드쳐 급히 거꾸로 박히는 일. ¶ 자동차가 논두렁에 곤두박질하다.

20. 시편에 기록하였으되 그의 거처를
황폐하게 하시며 거기 거하는 자가 없
게 하소서 하였고 또 일렀으되 그의
직분을 타인이 취하게 하소서 하였도다
21. 이러하므로 요한의 세례로부터 우
리 가운데서 올려져 가신 날까지 주
예수께서 우리 가운데 출입하실 때에
22. 항상 우리와 함께 다니던 사람
중에 하나를 세워 우리와 더불어 예수
께서 부활하심을 증언할 사람이 되게

속뜻단어 풀 이

- **거처 居處** | 살 거, 곳 처 [dwell in] 사는[居] 곳[處]. ¶ 그는 우리집에서 거처하고 있다. ⓑ 처소(處所), 거주지(居住地).
- **황폐 荒廢** | 거칠 황, 그만둘 폐 [waste; ruin; devastate] ① 속뜻 땅 따위가 거칠어져[荒] 못쓰게 됨[廢]. ② 집, 토지, 삼림 따위가 거칠고 못 쓰게 됨. ¶ 농촌의 황폐가 극심한 지경에 이르다. ③ 정신이나 생활 따위가 거칠어지고 메마름. ¶ 입시 경쟁으로 학생들의 마음은 황폐해졌다.
- **타인 他人** | 다를 타, 사람 인 [other people] 다른[他] 사람[人]. 남. ¶ 타인에 대한 배려가 중요하다. ⓑ 본인(本人), 자신(自身).

하여야 하리라 하거늘
23. 그들이 두 사람을 내세우니 하나
는 바사바라고도 하고 별명은 유스도라
고 하는 요셉이요 하나는 맛디아라
24. 그들이 기도하여 이르되 뭇 사람
의 마음을 아시는 주여 이 두 사람
중에 누가 주님께 택하신 바 되어
25. 봉사와 및 사도의 직무를 대신할
자인지를 보이시옵소서 유다는 이 직무
를 버리고 제 곳으로 갔나이다 하고

속뜻단어 풀이

- **뭇-사람** [the people, the public] 많은 사람. 또는 여러 사람. ¶ 시장에서 뭇사람들을 상대하자면 여간 힘들지 않는다. ㊥ 만인(萬人), 조인(稠人), 중서(衆庶), 중인(衆人).
- **봉:사 奉仕** | 받들 봉, 섬길 사 [serve] ① 속뜻 받들어[奉] 섬김[仕]. ②나라나 사회 또는 남을 위하여 자신의 이해를 돌보지 않고 몸과 마음을 다하여 섬김. ¶ 고아원에서 자원 봉사를 하다.
- **직무 職務** | 맡을 직, 일 무 [job; duties] 직책이나 직업상에서 책임을 지고 담당하여 맡은[職] 일[務]. ¶ 직무에 충실하다.

	26	.	제	비		뽑	아		맛	디	아	를		얻	으	니		그	가
열	한		사	도	의		수	에		들	어	가	니	라	.				

속뜻단어 풀이

• **제비** [lot; lottery] 여럿 가운데 어느 하나를 골라잡게 하는 데 쓰는 물건. 종잇조각 따위에 표를 하여 임의로 뽑아 결정한다. ¶ 누가 갈지 제비를 뽑아 정하자.

1. 사도행전 전체의 주제라고 할 수 있는 8절의 말씀입니다. 빈 칸을 채워보세요.

오직 ( )( )이 너희에게 임하시면 너희가 ( )( )을 받고, 예루살렘과
온 유대와 사마리아와 땅 끝까지 이르러 내 ( )( )이 되리라 하시니라.

2. 가룟 유다를 대신할 사도를 다시 뽑게 된 두 가지 동기는 무엇이었나요?
(20, 22절)

3. 예수님의 제자들이 12번째 사도를 뽑는 방식은 기도하고 제비를 뽑는 것이었는데, 이런 방식을 선택한 이유는 무엇이었을까요? (25-26절)

제 2 장

1. 오순절 날이 이미 이르매 그들이 다 같이 한 곳에 모였더니
2. 홀연히 하늘로부터 급하고 강한 바람 같은 소리가 있어 그들이 앉은 온 집에 가득하며
3. 마치 불의 혀처럼 갈라지는 것들이 그들에게 보여 각 사람 위에 하나씩 임하여 있더니
4. 그들이 다 성령의 충만함을 받고

속뜻단어 풀이

- **오:순-절 五旬節** | 다섯 오, 열흘 순, 철 절 [Pentecost] ① 기독교 부활절 후 50일[五旬]째 되는 날[節]. 성령 강림을 기념하는 날이다. ② 가톨릭 사순절 첫째 주일 바로 전의 주일. 이날과 그 뒤 이틀 동안 성체(聖體)가 나타나 보인다고 한다.
- **성:령 聖靈** | 성스러울 성, 신령 령 [Holy Spirit] ① 속뜻 성(聖)스러운 신령(神靈). ② 기독교 성삼위 중의 하나인 하나님의 영을 이르는 말. ¶ 성령의 힘을 받았다.

성령이 말하게 하심을 따라 다른 언어들로 말하기를 시작하니라.

5. 그 때에 경건한 유대인들이 천하 각국으로부터 와서 예루살렘에 머물러 있더니

6. 이 소리가 나매 큰 무리가 모여 각각 자기의 방언으로 제자들이 말하는 것을 듣고 소동하여

7. 다 놀라 신기하게 여겨 이르되 보라 이 말하는 사람들이 다 갈릴리 사

속뜻단어 풀이

- **방언 方言** | 모 방, 말씀 언 [dialect word] ① 언어 표준어와 달리 어떤 지역이나 지방(地方)에서만 쓰이는 특유한 언어(言語). ¶ 함경도 방언은 알아듣기 어렵다. ② 기독교 성령을 받은 신자가 늘어놓는 뜻을 알 수 없는 말. ㊉ 사투리. ㊥ 표준어(標準語).
- **소동 騷動** | 떠들 소, 움직일 동 [disturbance; agitation] 여럿이 떠들고[騷] 난리를 피움[動]. 여럿이 떠들어 댐. ¶ 건물에 불이나 한바탕 소동이 벌어졌다.

람이 아니냐?
8. 우리가 우리 각 사람이 난 곳 방
언으로 듣게 되는 것이 어찌 됨이냐
9. 우리는 바대인과 메대인과 엘람인과
또 메소보다미아, 유대와 갑바도기아,
본도와 아시아,
10. 브루기아와 밤빌리아, 애굽과 및
구레네에 가까운 리비아 여러 지방에
사는 사람들과 로마로부터 온 나그네
곧 유대인과 유대교에 들어온 사람들과

속뜻단어 풀이

- **지방 地方** | 땅 지, 모 방 [area, region, district, zone] ① 어느 방면(方面)의 땅 ② 서울 이외(以外)의 지역(地域)
- **유대인 Judea-人** | 사람 인 [Jew, the Jews] 유대(Judea) 지역의 사람들[人]. 고대에는 팔레스타인에 거주하였고, 로마 제국에 의하여 예루살렘이 파괴되자 세계 각지에 흩어져 살다가, 1948년에 다시 팔레스타인에 이스라엘을 세워 살고 있다. 히브리어를 사용하고 유대교를 믿는다. ㊥ 유태인, 이스라엘 인.

11. 그레데인과 아라비아인들이라 우리가 다 우리의 각 언어로 하나님의 큰 일을 말함을 듣는도다 하고

12. 다 놀라며 당황하여 서로 이르되 이 어찌 된 일이냐 하며

13. 또 어떤 이들은 조롱하여 이르되 그들이 새 술에 취하였다 하더라.

14. 베드로가 열한 사도와 함께 서서 소리를 높여 이르되 유대인들과 예루살렘에 사는 모든 사람들아 이 일을 너

속뜻단어 풀이

- **당황 唐慌** | =唐惶, 황당할 당, 절박할 황 [be confused; be perplexed] 황당(荒唐)하여 어찌할 바를 모름[慌]. 놀라서 어리둥절해 함. ¶ 뜻밖의 질문에 선생님은 당황스러운 표정이었다. ㊥ 당혹(當惑), 어리둥절하다.
- **조롱 嘲弄** | 비웃을 조, 놀릴 롱 [ridicule; laugh at] 비웃거나[嘲] 깔보면서 놀림[弄]. ¶ 조롱을 당하고도 꿋꿋이 이겨냈다. ㊥ 기롱(欺弄), 우롱(愚弄).

희로 알게 할 것이니 내 말에 귀를
기울이라.
15. 때가 제 삼 시니 너희 생각과
같이 이 사람들이 취한 것이 아니라.
16. 이는 곧 선지자 요엘을 통하여
말씀하신 것이니 일렀으되
17. 하나님이 말씀하시기를 말세에 내
가 내 영을 모든 육체에 부어 주리니
너희의 자녀들은 예언할 것이요 너희의
젊은이들은 환상을 보고 너희의 늙은이

속뜻단어 풀 이

- **말세 末世** | 끝 말, 세상 세 [degenerate age] ① 속뜻 정치나 도의 따위가 어지러워지고 쇠퇴하여 끝[末]이 다 된 듯한 세상(世上). ② 불교 말법(末法)의 세상(世上). ③ 기독교 예수가 탄생한 때부터 재림할 때까지의 세상. ⓑ 계세(季世), 말대(末代), 말류(末流).
- **예:언 豫言** | =預言, 미리 예, 말씀 언 [prophecy; prediction] ① 속뜻 미리[豫] 하는 말[言]. ② 미래에 일어날 일을 미리 알아서 말하는 것. 또는 그런 말. ¶ 점쟁이의 예언이 빗나갔다.
- **환:상 幻像** | 헛보일 환, 모양 상 [phantom; illusion; vision] ① 속뜻 헛보이는[幻] 형상(形像). ② 현실로는 존재하지 않는 것이 존재하는 것처럼 보이는 형상. 환영(幻影). ¶ 머리에 자꾸만 그녀의 환상이 떠올랐다.

들은 꿈을 꾸리라.

18. 그 때에 내가 내 영을 내 남종과 여종들에게 부어 주리니 그들이 예언할 것이요

19. 또 내가 위로 하늘에서는 기사를 아래로 땅에서는 징조를 베풀리니 곧 피와 불과 연기로다

20. 주의 크고 영화로운 날이 이르기 전에 해가 변하여 어두워지고 달이 변하여 피가 되리라.

속뜻단어 풀이

- **기사 奇事** | 기이할 기, 일 사 [Wonder] 신기한 일, 놀라운 일로 성경에서는 인간의 이성적인 생각을 뛰어넘고 일상생활을 초월한 일을 가리킨다.
- **징조 徵兆** | 조짐 징, 조짐 조 [sign; indication] 어떤 일이 생길 기미나 조짐[徵=兆]. ¶ 비가 올 것 같은 불길한 징조. ⓑ 전조(前兆), 조징(兆徵).
- **영화롭다 榮華--** | 영화 영, 빛날 화 [glorious] 몸이 귀하게 되어 이름이 세상에 빛날 만하다. ⓑ 번영하다.

21. 누구든지 주의 이름을 부르는 자
는 구원을 받으리라 하였느니라.
22. 이스라엘 사람들아 이 말을 들으
라 너희도 아는 바와 같이 하나님께서
나사렛 예수로 큰 권능과 기사와 표적
을 너희 가운데서 베푸사 너희 앞에서
그를 증언하셨느니라.
23. 그가 하나님께서 정하신 뜻과 미
리 아신 대로 내준 바 되었거늘 너희
가 법 없는 자들의 손을 빌려 못 박

속뜻단어 풀이

- **권능 權能** | 권세 권, 능할 능 [power; authority] ① 속뜻 권세(權勢)와 능력(能力)을 아울러 이르는 말. ¶ 황제의 위엄과 권능을 보여주었다. ② 법률 권리를 주장하고 행사할 수 있는 능력.
- **표적 表迹** | 겉 표, 자취 적 [miraculous signs; miracles] ① 겉[表]으로 나타난 자취[迹]. ② 기독교 기적을 의미.

아 죽였으나

24. 하나님께서 그를 사망의 고통에서 풀어 살리셨으니 이는 그가 사망에 매여 있을 수 없었음이라.

25. 다윗이 그를 가리켜 이르되 내가 항상 내 앞에 계신 주를 뵈었음이여 나로 요동하지 않게 하기 위하여 그가 내 우편에 계시도다.

26. 그러므로 내 마음이 기뻐하였고 내 혀도 즐거워하였으며 육체도 희망에

속뜻단어 풀이

- **고통 苦痛** | 괴로울 고, 아플 통 [pain; agony] 몸이나 마음이 괴롭고[苦] 아픔[痛]. ¶ 고통을 견디다. ⓑ 쾌락(快樂)
- **사:망 死亡** | 죽을 사, 죽을 망 [dead; decease] 사람의 죽음[死=亡]. ¶ 비행기 추락 사고로 탑승자 전원이 사망했다. ⓑ 출생(出生)
- **요동 搖動** | 흔들 요, 움직일 동 [shake] ① 속뜻 흔들리거나 흔들어[搖] 움직임[動]. ¶ 배는 파도 때문에 요동을 쳤다. ② 물리 물체가 일정한 평형 상태나 수치로부터 조금 벗어남. ⓑ 요탕(搖蕩).

거하리니
27. 이는 내 영혼을 음부에 버리지
아니하시며 주의 거룩한 자로 썩음을
당하지 않게 하실 것임이로다.
28. 주께서 생명의 길을 내게 보이셨
으니 주 앞에서 내게 기쁨이 충만하게
하시리로다 하였으므로
29. 형제들아, 내가 조상 다윗에 대
하여 담대히 말할 수 있노니 다윗이
죽어 장사되어 그 묘가 오늘까지 우리

속뜻단어 풀이

- **음부 陰府** | 응달 음, 집 부 [the grave, hell] 죽은 사람의 영혼이 가서 산다는 어둠[陰]의 세계[府]. ⓑ 명부(冥府), 명도(冥途), 유명(幽冥), 타계(他界), 황천(黃泉).
- **조상 祖上** | 할아버지 조, 위 상 [ancestor; forefather] ① 속뜻 선조(先祖)가 된 윗[上]세대의 어른. ¶ 우리는 조상 대대로 이 마을에서 살아왔다. ② 자기 세대 이전의 모든 세대. ¶ 한글에는 조상들의 슬기와 지혜가 담겨 있다. ⓑ 자손(子孫).
- **묘: 墓** | 무덤 묘 [grave] 사람의 무덤[墓]. ¶ 양지바른 곳에 묘를 쓰다. ⓑ 뫼, 무덤.

중에 있도다.
30. 그는 선지자라 하나님이 이미 맹
세하사 그 자손 중에서 한 사람을 그
위에 앉게 하리라 하심을 알고
31. 미리 본 고로 그리스도의 부활을
말하되 그가 음부에 버림이 되지 않고
그의 육신이 썩음을 당하지 아니하시리
라 하더니
32. 이 예수를 하나님이 살리신지라.
우리가 다 이 일에 증인이로다.

속뜻단어 풀이

- **선지-자 先知者** | 먼저 선, 알 지, 사람 자 [prophet; prophetess] ① 속뜻 세상일을 남보다 먼저[先] 깨달아 아는[知] 사람[者]. ㉥ 선각자(先覺者). ② 지난날 '예언자(預言者)'를 이르던 말. 선지.
- **맹세** [swear; pledge] 굳게 약속하거나 다짐함. 또는 그 약속이나 다짐. '맹서'(盟誓)에서 유래된 말. ¶ 비밀을 지킬 것을 맹세하다. ㉥ 서약(誓約), 맹약(盟約).
- **자손 子孫** | 아이 자, 손자 손 [offspring] ① 속뜻 자식[子]과 손자(孫子). ¶ 그의 자손들은 전국에 흩어져 살고 있다. ② 후손이나 후대. ¶ 비록 패망한 왕가의 자손이지만, 자존심은 아직 남아 있소.

33. 하나님이 오른손으로 예수를 높이
시매 그가 약속하신 성령을 아버지께
받아서 너희가 보고 듣는 이것을 부어
주셨느니라.
34. 다윗은 하늘에 올라가지 못하였으
나 친히 말하여 이르되 주께서 내 주
에게 말씀하시기를
35. 내가 네 원수로 네 발등상이 되
게 하기까지 너는 내 우편에 앉아 있
으라 하셨도다 하였으니

속뜻단어 풀이

- **원:수 怨讐** | 미워할 원, 원수 수 [enemy; foe] 자기 또는 자기 집이나 나라에 해를 끼쳐 원한(怨恨)이 맺힌 사람[讐]. ¶ 아버지의 원수를 갚다. ㉥ 은인(恩人). 속담 원수는 외나무다리에서 만난다.
- **발등상** [footstool] 나무를 상 모양으로 짜 만들어 발을 올려놓는 데 쓰는 가구

36. 그런즉 이스라엘 온 집은 확실히
알지니 너희가 십자가에 못 박은 이
예수를 하나님이 주와 그리스도가 되게
하셨느니라 하니라.
37. 그들이 이 말을 듣고 마음에 찔
려 베드로와 다른 사도들에게 물어 이
르되 형제들아 우리가 어찌할꼬 하거늘
38. 베드로가 이르되 너희가 회개하여
각각 예수 그리스도의 이름으로 세례를
받고 죄 사함을 받으라. 그리하면 성

속뜻단어 풀이

- **회:개 悔改** | 뉘우칠 회, 고칠 개 [repent; penitent] 이전의 잘못을 뉘우치고[悔] 고침[改]. ¶ 회개의 눈물을 흘리다. ㉥ 참회(懺悔), 개회(改悔).
- **세:례 洗禮** | 씻을 세, 예도 례 [baptism; christening] ① 기독교 신자가 될 때 베푸는 의식으로 머리 위를 물로 적시거나[洗] 몸을 잠그는 예식(禮式). ¶ 세례를 받다. ② '한꺼번에 몰아치는 비난이나 공격'을 비유하여 이르는 말. ¶ 그는 학생들의 질문 세례를 받았다.

령의 선물을 받으리니
39. 이 약속은 너희와 너희 자녀와
모든 먼 데 사람 곧 주 우리 하나님
이 얼마든지 부르시는 자들에게 하신
것이라 하고
40. 또 여러 말로 확증하며 권하여
이르되 너희가 이 패역한 세대에서 구
원을 받으라 하니
41. 그 말을 받은 사람들은 세례를
받으매 이 날에 신도의 수가 삼천이나

속뜻단어 풀이

- **확증 確證** | 굳을 확, 증거 증 [confirm; prove definitely] 확실(確實)한 증거(證據). 확실히 증명함. ¶ 그가 범인이라는 확증을 잡았다 / 그의 이론은 실험으로 확증되었다.
- **패:역 悖逆** | 어그러질 패, 거스를 역 [rebellious; traitorous] 도덕을 어그러뜨리고[悖] 인륜을 거스름[逆].
- **세:대 世代** | 인간 세, 시대 대 [generation] ① 속뜻 한 사람[世]이 살아가는 일정 시대(時代). ② 같은 시대에 살면서 공통의 의식을 가지는 비슷한 연령층의 사람 전체. ¶ 젊은 세대. ③ 한 생물이 생겨나서 생존을 끝마칠 때까지의 기간.

더하더라.

42. 그들이 사도의 가르침을 받아서로 교제하고 떡을 떼며 오로지 기도하기를 힘쓰니라.

43. 사람마다 두려워하는데 사도들로 말미암아 기사와 표적이 많이 나타나니

44. 믿는 사람이 다 함께 있어 모든 물건을 서로 통용하고

45. 또 재산과 소유를 팔아 각 사람의 필요를 따라 나눠 주며

속뜻단어 풀이

- **교제 交際** | 사귈 교, 사이 제 [associate with] ① 속뜻 서로 사귀어[交] 가까운 사이[際]가 됨. ¶ 교제를 넓히다. ② 어떤 목적을 달성하기 위한 수단으로 남과 가까이 사귐. ¶ 그는 사업상 관청 직원들과 교제했다. ㊥ 사교(社交). ㊤ 절교(絕交).
- **통용 通用** | 온통 통, 쓸 용 [in common use; current] 여러 곳에서 두루두루 다[通] 쓰임[用]. ② 서로 넘나들어 두루 쓰임. ¶ 달러는 어느 나라에서나 통용된다. ㊥ 유통(流通).

46. 날마다 마음을 같이하여 성전에 모이기를 힘쓰고 집에서 떡을 떼며 기쁨과 순전한 마음으로 음식을 먹고
47. 하나님을 찬미하며 또 온 백성에게 칭송을 받으니 주께서 구원 받는 사람을 날마다 더하게 하시니라.

속뜻단어 풀이

- **순전 純全** | 순수할 순, 완전할 전 [pure; spotless] 순수(純粹)하고 완전(完全)하다. ¶ 순전한 오해 / 그건 순전히 내 실수였다.
- **찬:미 讚美** | 기릴 찬, 아름다울 미 [praise; admire; adore] 아름다운[美] 것을 기림[讚]. ¶ 아름다운 자연을 찬미한 시(詩).
- **칭송 稱頌** | 칭찬할 칭, 기릴 송 [praise; compliment] 공덕을 칭찬(稱讚)하여 기림[頌]. ¶ 그는 보기 드문 효자로 칭송이 자자하다.

1. 오순절에 그리스도인들이 "성령이 말하게 하심을 따라 다른 언어들로" 말한 내용은 무엇인가요? 몇가지를 찾아보세요. (4-11절)

2. 베드로의 설교(14-40절)에 있어서 사도가 강조하는 두 가지는 무엇인지 찾아봅시다.

(1) 22-36절 : 예수님의 "죽음과 ( )( )"

(2) 37-40절 : "너희가 ( )( )하여 각각 예수 그리스도의 이름으로 세례를 받고"

3. 40-47절을 다시 읽어보고, 구원받는 사람이 날마다 늘어나고 부흥하는 교회의 특징을 찾아보세요.

(1) 40절 ____________________ (2) 42절 ____________________

(3) 44-45절 ____________________ (4) 46-47절 ____________________

제 3 장

1. 제 구 시 기도 시간에 베드로와 요한이 성전에 올라갈새

2. 나면서 못 걷게 된 이를 사람들이 메고 오니 이는 성전에 들어가는 사람들에게 구걸하기 위하여 날마다 미문이라는 성전 문에 두는 자라.

3. 그가 베드로와 요한이 성전에 들어가려 함을 보고 구걸하거늘

4. 베드로가 요한과 더불어 주목하여

속뜻단어 풀이

- **구걸 求乞** | 구할 구, 빌 걸 [beg] 거저 달라고[求] 빎[乞]. ¶ 구걸하여 목숨을 이었다. ㉥ 동냥.
- **주:목 注目** | 쏟을 주, 눈 목 [pay attention] ① 속뜻 눈[目]길을 한곳에 쏟음[注]. ② 어떤 대상이나 일에 대해 특별히 관심을 가지고 자세히 살핌. ¶ 그 사건은 주목을 별로 받지 못했다.

이르되 우리를 보라 하니
5. 그가 그들에게서 무엇을 얻을까 하
여 바라보거늘
6. 베드로가 이르되 은과 금은 내게
없거니와 내게 있는 이것을 네게 주노
니 나사렛 예수 그리스도의 이름으로
일어나 걸으라 하고
7. 오른손을 잡아 일으키니 발과 발목
이 곧 힘을 얻고
8. 뛰어 서서 걸으며 그들과 함께 성

속뜻단어 풀이

• **그리스도** [Christ] 기독교 '구세주'(救世主)라는 뜻. 예수.

전으로 들어가면서 걷기도 하고 뛰기도
하며 하나님을 찬송하니
9. 모든 백성이 그 걷는 것과 하나님
을 찬송함을 보고
10. 그가 본래 성전 미문에 앉아 구
걸하던 사람인 줄 알고 그에게 일어난
일로 인하여 심히 놀랍게 여기며 놀라
니라.
11. 나은 사람이 베드로와 요한을 붙
잡으니 모든 백성이 크게 놀라며 달려

속뜻단어 풀이

- **찬:송 讚頌** | 기릴 찬, 기릴 송 [praise; glorify] 공덕 따위를 기리고[讚] 칭송(稱頌)함.
- **미문 美門** | 아름다울 미, 문 문 [the Beautiful gate of the temple] 기독교 예루살렘 성전의 동쪽 기슭에 있는 문의 하나. 금과 은 또는 구리 따위로 아름답게 꾸며져 있다.

나아가 솔로몬의 행각이라 불리우는 행
각에 모이거늘
12. 베드로가 이것을 보고 백성에게
말하되 이스라엘 사람들아 이 일을 왜
놀랍게 여기느냐 우리 개인의 권능과
경건으로 이 사람을 걷게 한 것처럼
왜 우리를 주목하느냐?
13. 아브라함과 이삭과 야곱의 하나님
곧 우리 조상의 하나님이 그의 종 예
수를 영화롭게 하셨느니라. 너희가 그

속뜻단어 풀이

• **행각 行閣** | 다닐 행, 집 각 [Colonnade] 헤롯성전의 이방인 뜰 주위로 돌아가며 만들어진 지붕과 기둥만 있고 벽이 없는 주랑을 말함.
• **경:건 敬虔** | 공경할 경, 정성 건 [devout; pious] 공경(恭敬)하는 마음으로 삼가며[虔] 조심성이 있다. ¶ 경건한 마음으로 기도를 드리다.

를 넘겨 주고 빌라도가 놓아 주기로
결의한 것을 너희가 그 앞에서 거부하
였으니
14. 너희가 거룩하고 의로운 이를 거
부하고 도리어 살인한 사람을 놓아 주
기를 구하여
15. 생명의 주를 죽였도다. 그러나
하나님이 죽은 자 가운데서 그를 살리
셨으니 우리가 이 일에 증인이라.
16. 그 이름을 믿으므로 그 이름이

속뜻단어 풀이

• **결의 決意** | 결정할 결, 뜻 의 [resolve] 뜻[意]을 굳게 정함[決]. ¶ 필승의 결의를 다지다. ㊥ 결심(決心).
• **살인 殺人** | 죽일 살, 사람 인 [commit murder; kill] 사람[人]을 죽임[殺]. 남을 죽임. ¶ 살인을 저지르다.

너희가 보고 아는 이 사람을 성하게
하였나니 예수로 말미암아 난 믿음이
너희 모든 사람 앞에서 이같이 완전히
낫게 하였느니라.
17. 형제들아 너희가 알지 못하여서
그리하였으며 너희 관리들도 그리한 줄
아노라.
18. 그러나 하나님이 모든 선지자의
입을 통하여 자기의 그리스도께서 고난
받으실 일을 미리 알게 하신 것을 이

속뜻단어 풀이

- **관리 官吏** | 벼슬 관, 벼슬아치 리 [government official] 관직(官職)에 있는 사람[吏]. ¶ 그 관리는 원님만 믿고 위세를 부렸다.
- **고:난 苦難** | 괴로울 고, 어려울 난 [suffering; hardship] 괴로움[苦]과 어려움[難]을 아울러 이르는 말. ¶ 고난 속에 인생의 기쁨이 있다. ㊎ 고초(苦楚).

와 같이 이루셨느니라.
19. 그러므로 너희가 회개하고 돌이켜
너희 죄 없이 함을 받으라 이같이 하
면 새롭게 되는 날이 주 앞으로부터
이를 것이요
20. 또 주께서 너희를 위하여 예정하
신 그리스도 곧 예수를 보내시리니
21. 하나님이 영원 전부터 거룩한 선
지자들의 입을 통하여 말씀하신 바 만
물을 회복하실 때까지는 하늘이 마땅히

속뜻단어 풀이

- **예:정 豫定** | 미리 예, 정할 정 [be scheduled; be expected] 미리[豫] 정(定)하거나 예상함. ¶ 한 달 정도 머물 예정이다.
- **만:물 萬物** | 일만 만, 만물 물 [all things; all creation] ① 속뜻 온갖[萬] 물건(物件). ② 우주에 존재하는 모든 것. ¶ 인간은 만물의 영장(靈長)이다. ㉥ 만유(萬有).
- **회복 回復** | =恢復, 돌아올 회, 되돌릴 복 [recover; restore] 이전의 상태로 다시 되돌아옴[回=復]. 또는 이전의 상태로 돌이킴. ¶ 신용 회복 / 건강을 회복하다.

그를 받아 두리라.
22. 모세가 말하되 주 하나님이 너희
를 위하여 너희 형제 가운데서 나 같
은 선지자 하나를 세울 것이니 너희가
무엇이든지 그의 모든 말을 들을 것이
라.
23. 누구든지 그 선지자의 말을 듣지
아니하는 자는 백성 중에서 멸망 받으
리라 하였고
24. 또한 사무엘 때부터 이어 말한

속뜻단어 풀이

- **백성 百姓** | 여러 백, 성씨 성 [people] ① 속뜻 온갖[百] 성씨(姓氏). ② 일반 국민. ¶ 백성은 나라의 근본이다.
- **멸망 滅亡** | 없앨 멸, 망할 망 [fall; collapse] 망[亡]하여 없어짐[滅]. ¶ 파괴된 환경은 인류를 멸망시킬 것이다.

모든 선지자도 이 때를 가리켜 말하였
느니라.
25. 너희는 선지자들의 자손이요 또
하나님이 너희 조상과 더불어 세우신
언약의 자손이라 아브라함에게 이르시기
를 땅 위의 모든 족속이 너의 씨로
말미암아 복을 받으리라 하셨으니
26. 하나님이 그 종을 세워 복 주시
려고 너희에게 먼저 보내사 너희로 하
여금 돌이켜 각각 그 악함을 버리게

속뜻단어 풀 이

- **언약 言約** | 말씀 언, 묶을 약 [make a verbal promise] 말[言]로 약속(約束)함. 또는 그런 약속. ¶ 나는 그녀와 결혼을 언약했다. ㊥ 약속(約束)
- **족속 族屬** | 겨레 족, 무리 속 [kinsman; party] ① 속뜻 같은 겨레[族]에 속하는 무리[屬]. ② 같은 패거리에 속하는 사람들을 낮잡아 이르는 말. ¶ 그들은 인정이라고는 눈곱만큼도 없는 족속들이다. ㊥ 족당(族黨).

하셨느니라.

1. 태어나면서부터 걷지 못하는 장애인을 베드로가 치료하자, 사람들은 사도들의 능력을 놀랍게 여겼습니다(12절). 여기에서, 이러한 기적이 일어나게 된 원인에 대하여 베드로는 어떻게 말하고 있나요? (12-16절)

2. 사도 베드로가 26절에서 말하듯이 우리가 하나님의 종으로 오신 예수님을 통하여 복을 얻으려면 어떻게 해야 합니까? (19-20절)

제 4 장

1. 사도들이 백성에게 말할 때에 제사장들과 성전 맡은 자와 사두개인들이 이르러
2. 예수 안에 죽은 자의 부활이 있다고 백성을 가르치고 전함을 싫어하여
3. 그들을 잡으매 날이 이미 저물었으므로 이튿날까지 가두었으나
4. 말씀을 들은 사람 중에 믿는 자가 많으니 남자의 수가 약 오천이나 되었

속뜻단어 풀이

- **제:사-장 祭司長** | 제사 제, 맡을 사, 어른 장 [chief priest] ① 기독교 기독교 · 유대교에서, 예루살렘 성전에서 의식이나 전례[祭]를 맡아보는[司] 우두머리[長]. ② 제례나 주문(呪文)에 밝아 영검을 얻게 하는 사람.
- **부:활 復活** | 다시 부, 살 활 [revive; resurrect] ① 속뜻 죽었다가 다시[復] 살아남[活]. ¶ 예수의 부활. ② 없어졌던 것이 다시 생김. ¶ 교복 착용 제도의 부활.

더라.

5. 이튿날 관리들과 장로들과 서기관들이 예루살렘에 모였는데

6. 대제사장 안나스와 가야바와 요한과 알렉산더와 및 대제사장의 문중이 다 참여하여

7. 사도들을 가운데 세우고 묻되 너희가 무슨 권세와 누구의 이름으로 이 일을 행하였느냐?

8. 이에 베드로가 성령이 충만하여 이

속뜻단어 풀이

- **서기관 書記官** | 쓸 서, 기록할 기, 벼슬 관 [clerk; secretary] ① 속뜻 단체나 회의에서 문서(文書)나 기록(記錄) 따위를 맡아보는 사람. ② 법률 일반직 8급 공무원의 직급.
- **문중 門中** | 집안 문, 가운데 중 [one's family; kinsmen] ① 속뜻 같은 가문(家門) 안[中]에 속함. ②성(姓)과 본(本)이 같은 가까운 집안. ¶ 문중의 땅을 되찾다. ㉥ 문내(門內).

르되 백성의 관리들과 장로들아!
9. 만일 병자에게 행한 착한 일에 대
하여 이 사람이 어떻게 구원을 받았느
냐고 오늘 우리에게 질문한다면
10. 너희와 모든 이스라엘 백성들은
알라. 너희가 십자가에 못 박고 하나
님이 죽은 자 가운데서 살리신 나사렛
예수 그리스도의 이름으로 이 사람이
건강하게 되어 너희 앞에 섰느니라.
11. 이 예수는 너희 건축자들의 버린

속뜻단어 풀이

- **장:로 長老** | 어른 장, 늙을 로 [presbyter] ① 속뜻 나이가 지긋하고[長=老] 덕이 높은 사람을 높여 일컫는 말. ② 기독교 장로교 · 성결교 등에서 선교 및 교회 운영에 대한 봉사를 맡아보는 직분. 또는 그 사람. ③ 불교 지혜와 덕이 높고 법랍이 많은 승려를 높여 일컫는 말.
- **병:자 病者** | 병 병, 사람 자 [sick person] 병(病)을 앓는 사람[者]. ¶ 병자를 돌보아주다. ⓑ 병인(病人), 환자(患者).
- **건:강 健剛** | 튼튼할 건, 굳셀 강 [sturdy and determined] 몸이 다부지고[健] 마음이 굳세다[剛]. ¶ 건강한 사나이.

돌로서 집 모퉁이의 머릿돌이 되었느니라.

12. 다른 이로써는 구원을 받을 수 없나니 천하 사람 중에 구원을 받을 만한 다른 이름을 우리에게 주신 일이 없음이라 하였더라.

13. 그들이 베드로와 요한이 담대하게 말함을 보고 그들을 본래 학문 없는 범인으로 알았다가 이상히 여기며 또 전에 예수와 함께 있던 줄도 알고

속뜻단어 풀이

- **모퉁이** [corner; turn; turnning place] ①구부러지거나 꺾어져 돌아간 자리. ¶ 모퉁이에서 오른쪽으로 돌아라. ② 모서리 부분의 구석진 곳. ¶ 교실 한쪽 모퉁이에 쭈그려 앉다.
- **머릿-돌** [cornerstone] 건물을 지을 때, 관계자 · 연월일 따위를 새겨서 건물의 기초 부분에 놓는 돌. ㊥ 귓돌, 초석(礎石), 정초(定礎).
- **담대 膽大** | 쓸개 담, 클 대 [bold; intrepid] ① 속뜻 담력(膽力)이 큼[大]. ② 겁이 전혀 없고 배짱이 두둑함. ¶ 그의 담대함에 놀랐다. ㊥ 대담(大膽)하다.

14. 또 병 나은 사람이 그들과 함께
서 있는 것을 보고 비난할 말이 없는
지라.
15. 명하여 공회에서 나가라 하고 서
로 의논하여 이르되
16. 이 사람들을 어떻게 할까 그들로
말미암아 유명한 표적 나타난 것이 예
루살렘에 사는 모든 사람에게 알려졌으
니 우리도 부인할 수 없는지라.
17. 이것이 민간에 더 퍼지지 못하게

속뜻단어 풀 이

- **공회 公會** | 여럿 공, 모일 회 [public meeting] ① 속뜻 여러 사람[公]들의 모임[會]. ②공적인 문제를 의논하기 위한 모임. ¶ 공회를 소집하다.
- **민간 民間** | 백성 민, 사이 간 [private] ① 속뜻 백성[民]들 사이[間]. ② 일반 서민(庶民)의 사회. ¶ 민간에 전승되다. ③ 관(官)이나 군대에 속하지 않음. ¶ 민간 자본을 유치하다.

그들을 위협하여 이 후에는 이 이름으
로 아무에게도 말하지 말게 하자 하고
18. 그들을 불러 경고하여 도무지 예
수의 이름으로 말하지도 말고 가르치지
도 말라 하니
19. 베드로와 요한이 대답하여 이르되
하나님 앞에서 너희의 말을 듣는 것이
하나님의 말씀을 듣는 것보다 옳은가
판단하라.
20. 우리는 보고 들은 것을 말하지

속뜻단어 풀이

- **경고 警告** | 타이를 경, 알릴 고 [warn against] ① 타이르고[警] 알려[告]줌. ¶ 엄중히 경고하다. ② 운동 경기에서 반칙을 범했을 때 심판이 일깨우는 주의. ¶ 경고를 두 번 받으면 퇴장이다. ㉥ 주의(注意).
- **판단 判斷** | 판가름할 판, 끊을 단 [judge; decide; conclude] 판가름하여[判] 단정(斷定)함. ¶ 정확한 판단을 내리다 / 너무 성급하게 판단하지 마라.

아니할 수 없다 하니
21. 관리들이 백성들 때문에 그들을
어떻게 처벌할지 방법을 찾지 못하고
다시 위협하여 놓아 주었으니 이는 모
든 사람이 그 된 일을 보고 하나님께
영광을 돌림이라.
22. 이 표적으로 병 나은 사람은 사
십여 세나 되었더라.
23. 사도들이 놓이매 그 동료에게 가
서 제사장들과 장로들의 말을 다 알리

속뜻단어 풀이

- **위협 威脅** | 두려워할 위, 협박할 협 [menace; intimidate] 남을 두렵게하여[威] 협박(脅迫)하는 것. ¶ 생명의 위협을 받다.
- **동료 同僚** | 같을 동, 벼슬아치 료 [colleague; associate] ① 같은[同] 일을 하고 있는 벼슬아치[僚]. ② 같은 직장이나 같은 부문에서 함께 일하는 사람. ¶ 회사 동료 / 동료 의식을 발휘하다.

니
24. 그들이 듣고 한마음으로 하나님께
소리를 높여 이르되 대주재여 천지와
바다와 그 가운데 만물을 지은 이시요
25. 또 주의 종 우리 조상 다윗의
입을 통하여 성령으로 말씀하시기를 어
찌하여 열방이 분노하며 족속들이 허사
를 경영하였는고?
26. 세상의 군왕들이 나서며 관리들이
함께 모여 주와 그의 그리스도를 대적

속뜻단어 풀이

- **대주재 大主宰** | 큰 대, 주될 주, 맡을 재 [Sovereign Lord] 최고 권세를 가진 군주. 우주 만물을 창조하시고 운행과 질서를 주관하시는 절대자 '하나님'(행 4:24; 계 6:10). 때론 '그리스도'(벧후 2:1; 유 1:4)를 일컫는 호칭이다.
- **분:노 忿怒** | =憤怒, 성낼 분, 성낼 노 [anger] 분하여 몹시 성을 냄[忿=怒]. ¶ 분노가 폭발하다. ㊥ 희열(喜悅).
- **경영 經營** | 다스릴 경, 꾀할 영 [manage; conduct] ①일이나 사람을 다스리어[經] 이익을 꾀함[營]. ②기업체나 사업체 따위를 관리하여 운영함.

하도다 하신 이로소이다.
27. 과연 헤롯과 본디오 빌라도는 이
방인과 이스라엘 백성과 합세하여 하나
님께서 기름 부으신 거룩한 종 예수를
거슬러
28. 하나님의 권능과 뜻대로 이루려고
예정하신 그것을 행하려고 이 성에 모
였나이다.
29. 주여! 이제도 그들의 위협함을
굽어보시옵고 또 종들로 하여금 담대히

속뜻단어 풀이

- **이:방-인 異邦人** | 다를 이, 나라 방, 사람 인 [stranger; foreigner] ① 속뜻 다른[異] 나라[邦] 사람[人]. ② 기독교 유대 사람들이 선민(選民) 의식에서 그들 이외의 다른 민족을 얕잡아 이르던 말. ㉥ 이국인(異國人).
- **합세 合勢** | 합할 합, 세력 세 [join forces] 세력(勢力)을 한데 합(合)함. ¶ 여럿이 합세하여 범인을 잡았다.
- **굽어보다** [look down; overlook] 고개나 허리를 굽혀 아래를 내려다보다. ¶ 뒷동산에 올라 마을을 굽어보다.

하나님의 말씀을 전하게 하여 주시오며
30. 손을 내밀어 병을 낫게 하시옵고
표적과 기사가 거룩한 종 예수의 이름
으로 이루어지게 하옵소서 하더라.
31. 빌기를 다하매 모인 곳이 진동하
더니 무리가 다 성령이 충만하여 담대
히 하나님의 말씀을 전하니라.
32. 믿는 무리가 한마음과 한 뜻이
되어 모든 물건을 서로 통용하고 자기
재물을 조금이라도 자기 것이라 하는

속뜻단어 풀이

- **진:동 振動** | 떨칠 진, 움직일 동 [vibrate; stink of] ① 흔들려[振] 움직임[動]. ¶ 시계추가 천천히 진동한다. ② 냄새 따위가 아주 심하게 나는 상태. ¶ 고약한 냄새가 진동을 한다. ③ 물리 물리량이 정해진 범위에서 주기적으로 변화하는 현상.
- **통용 通用** | 온통 통, 쓸 용 [in common use; current] ① 여러 곳에서 두루두루 다[通] 쓰임[用]. ② 서로 넘나들어 두루 쓰임. ¶ 달러는 어느 나라에서나 통용된다. ㉥ 유통(流通).

이가 하나도 없더라.
33. 사도들이 큰 권능으로 주 예수의
부활을 증언하니 무리가 큰 은혜를 받
아
34. 그 중에 가난한 사람이 없으니
이는 밭과 집 있는 자는 팔아 그 판
것의 값을 가져다가
35. 사도들의 발 앞에 두매 그들이
각 사람의 필요를 따라 나누어 줌이라
36. 구브로에서 난 레위족 사람이 있

속뜻단어 풀 이

- **증언 證言** | 증거 증, 말씀 언 [testify; attest] 법률 증인(證人)으로서 사실을 말함[言]. 또는 그런 말. ¶ 목격자의 증언을 듣다 / 범인은 붉은 셔츠를 입었다고 증언했다.
- **은혜 恩惠** | 인정 은, 사랑 혜 [favor; benefit] 남으로부터 받는 인정[恩]과 고마운 사랑[惠]. ¶ 스승의 은혜 / 은혜롭게도 우리는 사계절을 고루 누리고 있다.

으니 이름은 요셉이라 사도들이 일컬어
바나바라(번역하면 위로의 아들이라)
하니
37. 그가 밭이 있으매 팔아 그 값을
가지고 사도들의 발 앞에 두니라.

속뜻단어 풀이

- **사:도 使徒** | 부릴 사, 무리 도 [apostle] ① 기독교 예수가 복음을 널리 전하는 것을 시키기[使] 위하여 특별히 뽑은 열두 제자[徒]. ② 신성한 일을 위하여 헌신적으로 일하는 사람을 비유하여 이르는 말. ¶ 정의의 사도가 나가신다.
- **일컫다** [call; name] 이름 지어 부르다.

1. 당시 종교지도자들은 예수님을 통하여 죽은 자들이 부활한다는 사도들의 메시지를 싫어하였습니다. 사도들이 가진 믿음은 어떤 것이었는지 아래 빈 칸을 채우면서 생각해보세요.

다른 이로써는 ( )( )을 받을 수 없나니 천하 사람 중에 구원을
받을 만한 다른 이름을 우리에게 ( )( ) 일이 없음이라. (12절)

2. 여러 가지 고통과 감옥에 투옥되는 어려움 속에서도 사도들은 소리 높여 하나님께 기도하는 놀라운 모습을 보이고 있습니다. 그들은 무엇을 간구했나요? (24-30절)

제 5 장

1. 아나니아라 하는 사람이 그의 아내
삽비라와 더불어 소유를 팔아
2. 그 값에서 얼마를 감추매 그 아내
도 알더라. 얼마만 가져다가 사도들의
발 앞에 두니
3. 베드로가 이르되 아나니아야! 어찌
하여 사탄이 네 마음에 가득하여 네가
성령을 속이고 땅 값 얼마를 감추었느
나?

속뜻단어 풀이

- **소유 所有** | 것 소, 가질 유 [own; have; possess] 가지고 있는[有] 어떤 것[所]. 자기의 것으로 가짐. 또는 가지고 있음.
- **사탄** [Satan; the Devil] 기독교 적대자라는 뜻으로, 하나님과 대립하여 존재하는 악(惡)을 인격화하여 이르는 말. ㊥ 마귀(魔鬼).

4. 땅이 그대로 있을 때에는 네 땅이 아니며 판 후에도 네 마음대로 할 수가 없더냐 어찌하여 이 일을 네 마음에 두었느냐 사람에게 거짓말한 것이 아니요 하나님께로다.

5. 아나니아가 이 말을 듣고 엎드러져 혼이 떠나니 이 일을 듣는 사람이 다 크게 두려워하더라.

6. 젊은 사람들이 일어나 시신을 싸서 메고 나가 장사하니라.

속뜻단어 풀이

- **시:신 屍身** | 주검 시, 몸 신 [dead body; corpse] 죽은 사람[屍]의 몸[身]. ¶ 시신을 거두어 장사 지내다. ⓑ 송장.
- **장사 葬事** | 장사 지낼 장, 일 사 [funeral] 죽은 사람을 땅에 묻거나 화장하는 일.

7. 세 시간쯤 지나 그의 아내가 그
일어난 일을 알지 못하고 들어오니
8. 베드로가 이르되 그 땅 판 값이
이것뿐이냐 내게 말하라 하니 이르되
예 이것뿐이라 하더라.
9. 베드로가 이르되 너희가 어찌 함께
꾀하여 주의 영을 시험하려 하느냐?
보라! 네 남편을 장사하고 오는 사람
들의 발이 문 앞에 이르렀으니 또 너
를 메어 내가리라 하니

속뜻단어 풀이

- **영 靈** | 신령 령 [soul] '영혼'(靈魂)의 준말. ¶ 죽은 사람의 영을 모시다.
- **시험 試驗** | 따질 시, 효과 험 [test; try out] ① 속뜻 사물의 성질이나 기능을 따져서[試] 그 효과[驗]를 알아보는 일. ¶ 성능을 시험하다. ② 재능이나 실력 따위를 일정한 절차에 따라 검사하고 평가하는 일. ¶ 시험에 합격하다.

10. 곧 그가 베드로의 발 앞에 엎드러져 혼이 떠나는지라. 젊은 사람들이 들어와 죽은 것을 보고 메어다가 그의 남편 곁에 장사하니

11. 온 교회와 이 일을 듣는 사람들이 다 크게 두려워하니라.

12. 사도들의 손을 통하여 민간에 표적과 기사가 많이 일어나매 믿는 사람이 다 마음을 같이하여 솔로몬 행각에 모이고

속뜻단어 풀이

- **혼 魂** | 넋 혼 [soul; spirit] 사람의 몸 안에서 몸과 정신을 다스린다는 비물질적인 것. ¶ 이 그림에는 작가의 혼이 담겨 있다. ㊥ 넋.
- **기사 奇事** | 기이할 기, 일 사 [Wonder] 신기한 일, 놀라운 일로 성경에서는 인간의 이성적인 생각을 뛰어넘고 일상생활을 초월한 일을 가리킨다.

13. 그 나머지는 감히 그들과 상종하는 사람이 없으나 백성이 칭송하더라.

14. 믿고 주께로 나아오는 자가 더 많으니 남녀의 큰 무리더라.

15. 심지어 병든 사람을 메고 거리에 나가 침대와 요 위에 누이고 베드로가 지날 때에 혹 그의 그림자라도 누구에게 덮일까 바라고

16. 예루살렘 부근의 수많은 사람들도 모여 병든 사람과 더러운 귀신에게 괴

속뜻단어 풀이

- **상종 相從** | 서로 상, 따를 종 [associate with] 서로[相] 따르며[從] 의좋게 지냄. ¶ 상종하지 못할 인간 같으니라고!
- **칭송 稱頌** | 칭찬할 칭, 기릴 송 [praise; compliment] 공덕을 칭찬(稱讚)하여 기림[頌]. ¶ 그는 보기 드문 효자로 칭송이 자자하다.
- **부근 附近** | 붙을 부, 가까울 근 [neighborhood; nearby] 붙어[附] 있어 가까움[近]. ¶ 친구와 학교 부근에 있는 공원에서 만났다. ㊐ 근처(近處).

로움 받는 사람을 데리고 와서 다 나
음을 얻으니라.

17. 대제사장과 그와 함께 있는 사람
즉 사두개인의 당파가 다 마음에 시기
가 가득하여 일어나서

18. 사도들을 잡아다가 옥에 가두었더
니

19. 주의 사자가 밤에 옥문을 열고
끌어내어 이르되

20. 가서 성전에 서서 이 생명의 말

속뜻단어 풀이

- **당파 黨派** | 무리 당, 갈래 파 [party; school; league] ① 속뜻 주장과 이해를 같이하는 사람끼리 무리지어[黨] 나뉜 갈래[派]. ¶ 당파를 결성하다. ② 역사 조선 시대에, 정치 세력 결집 단체였던 붕당(朋黨) 안에서 정치적인 입장에 따라 다시 나뉜 파벌. ¶ 영조는 탕평책을 써서 각 당파에서 고르게 인재를 등용했다. ㊥ 파당(派黨), 파벌(派閥).
- **옥문 獄門** | 감옥 옥, 문 문 [a prison gate] 감옥(監獄)의 문(門). ¶ 옥문 밖으로 나오다.

쓰을 다 백성에게 말하라 하매

21. 그들이 듣고 새벽에 성전에 들어가서 가르치더니 대제사장과 그와 함께 있는 사람들이 와서 공회와 이스라엘 족속의 원로들을 다 모으고 사람을 옥에 보내어 사도들을 잡아오라 하니

22. 부하들이 가서 옥에서 사도들을 보지 못하고 돌아와

23. 이르되 우리가 보니 옥은 든든하게 잠기고 지키는 사람들이 문에서

속뜻단어 풀이

- **공회 公會** | 여럿 공, 모일 회 [public meeting] ① 속뜻 여러 사람[公]들의 모임[會]. ② 공적인 문제를 의논하기 위한 모임. ¶ 공회를 소집하다.
- **원로 元老** | 으뜸 원, 늙을 로 [elder statesman; elder] ① 속뜻 어떤 일에 오래[老] 종사하여 경험과 공로가 많아 으뜸[元]이 되는 사람. ¶ 문단의 원로. ② 관직이나 나이, 덕망 따위가 높고 나라에 공로가 많은 사람. ¶ 원로대신(元老大臣).

있으되 문을 열고 본즉 그 안에는 한
사람도 없더이다 하니
24. 성전 맡은 자와 제사장들이 이
말을 듣고 의혹하여 이 일이 어찌 될
까 하더니
25. 사람이 와서 알리되 보소서 옥에
가두었던 사람들이 성전에 서서 백성을
가르치더이다 하니
26. 성전 맡은 자가 부하들과 같이
가서 그들을 잡아왔으나 강제로 못함은

속뜻단어 풀이

- **의혹 疑惑** | 의심할 의, 홀릴 혹 [suspicion; doubt] 의심(疑心)으로 정신이 홀려[惑] 더욱 수상히 여김. 또는 그런 마음. ¶ 그는 여전히 의혹에 찬 눈으로 나를 바라보았다.
- **부하 部下** | 거느릴 부, 아래 하 [subordinate; follower] 자기 수하(手下)에 거느리고[部] 있는 직원. ㉥ 상관(上官), 상사(上司).

백성들이 돌로 칠까 두려워함이더라.
27. 그들을 끌어다가 공회 앞에 세우
니 대제사장이 물어
28. 이르되 우리가 이 이름으로 사람
을 가르치지 말라고 엄금하였으되 너희
가 너희 가르침을 예루살렘에 가득하게
하니 이 사람의 피를 우리에게로 돌리
고자 함이로다.
29. 베드로와 사도들이 대답하여 이르
되 사람보다 하나님께 순종하는 것이

속뜻단어 풀이

- **엄금 嚴禁** | 엄할 엄, 금할 금 [prohibit strictly; forbid strictly] 엄격(嚴格)하게 금지(禁止)함. 절대로 못하게 함. ¶ 출입 엄금 / 주유소에서의 흡연을 엄금한다.
- **순:종 順從** | 따를 순, 따를 종 [obey; submit] 순순(順順)히 따름[從]. ¶ 나는 부모님 말씀에 순종했다.

마땅하니라.
30. 너희가 나무에 달아 죽인 예수를
우리 조상의 하나님이 살리시고
31. 이스라엘에게 회개함과 죄 사함을
주시려고 그를 오른손으로 높이사 임금
과 구주로 삼으셨느니라.
32. 우리는 이 일에 증인이요 하나님
이 자기에게 순종하는 사람들에게 주신
성령도 그러하니라 하더라.
33. 그들이 듣고 크게 노하여 사도들

속뜻단어 풀이

- **회:개 悔改** | 뉘우칠 회, 고칠 개 [repent; penitent] 이전의 잘못을 뉘우치고[悔] 고침[改]. ¶ 회개의 눈물을 흘리다. ㉥ 참회(懺悔), 개회(改悔).
- **구:주 救主** | 구원할 구, 주인 주 [Savior; Redeemer; Messiah] 기독교 '구세주'(救世主)의 준말. ¶ 구주 예수를 믿으면 영생을 얻습니다.

을 없이하고자 할새
34. 바리새인 가말리엘은 율법교사로
모든 백성에게 존경을 받는 자라 공회
중에 일어나 명하여 사도들을 잠깐 밖
에 나가게 하고
35. 말하되 이스라엘 사람들아! 너희
가 이 사람들에게 대하여 어떻게 하려
는지 조심하라.
36. 이 전에 드다가 일어나 스스로
선전하매 사람이 약 사백 명이나 따르

속뜻단어 풀이

- **존경 尊敬** | 높을 존, 공경할 경 [respect] 남의 인격, 사상, 행위 따위를 높이[尊] 받들어 공경(恭敬)함. ¶ 세종대왕은 존경스러운 위인이다. ㊎ 무시(無視), 멸시(蔑視).
- **조:심 操心** | 잡을 조, 마음 심 [be careful; heed] 잘못이나 실수가 없도록 마음[心]을 다잡음[操]. ¶ 이 물건은 조심해서 다뤄 주세요 / 처음 만져보는 물건이라 조심스러웠다 / 도자기를 조심스레 들어 옮겼다. ㊥ 주의(注意).
- **선전 宣傳** | 알릴 선, 전할 전 [propagate; advertise] 주의나 주장, 사물의 존재, 효능 따위를 여러 사람에게 널리 알리고[宣] 전달(傳達)함. ¶ 신제품을 선전하다.

더니 그가 죽임을 당하매 따르던 모든 사람들이 흩어져 없어졌고
37. 그 후 호적할 때에 갈릴리의 유다가 일어나 백성을 꾀어 따르게 하다가 그도 망한즉 따르던 모든 사람들이 흩어졌느니라.
38. 이제 내가 너희에게 말하노니 이 사람들을 상관하지 말고 버려 두라 이 사상과 이 소행이 사람으로부터 났으면 무너질 것이요

속뜻단어 풀이

- **호:적 戶籍** | 집 호, 문서 적 [census registration] ① 속뜻 호수(戶數)와 식구 단위로 기록한 장부[籍]. ② 한 집안의 호주를 중심으로 그 가족들의 본적지, 성명, 생년월일 등 신분에 관한 것을 적은 공문서. ¶ 호적에 올리다. ㉥ 장적(帳籍).
- **소행 所行** | 것 소, 행할 행 [person's doing] 행한[行] 어떤 것[所]. 행한 일

39. 만일 하나님께로부터 났으면 너희가 그들을 무너뜨릴 수 없겠고 도리어 하나님을 대적하는 자가 될까 하노라 하니

40. 그들이 옳게 여겨 사도들을 불러들여 채찍질하며 예수의 이름으로 말하는 것을 금하고 놓으니

41. 사도들은 그 이름을 위하여 능욕받는 일에 합당한 자로 여기심을 기뻐하면서 공회 앞을 떠나니라.

속뜻단어 풀이

- **대적 對敵** | 대할 대, 원수 적 [match] 적(敵)을 마주 대(敵)함. 적과 맞섬. 서로 맞서 겨룸
- **능욕 凌辱** | ≒陵辱, 깔볼 릉, 욕될 욕 [insult; offer (a person) an insult] ① 속뜻 남을 업신여겨[凌] 욕보임[辱]. ¶ 약자를 능욕하는 것은 강자의 도리가 아니다. ② 폭력으로 여자를 욕보임. ¶ 치한에게 능욕을 당하다.
- **합당 合當** | 합할 합, 적당할 당 [suitable] 어떤 기준이나 조건에 부합(符合)하여 적당(適當)하다.

42. 그들이 날마다 성전에 있든지 집에 있든지 예수는 그리스도라고 가르치기와 전도하기를 그치지 아니하니라.

속뜻단어 풀이

• **전도 傳導** | 전할 전, 이끌 도 [conduct; transmit] ① 속뜻 전(傳)하여 인도(引導)함. ② 물리 열 또는 전기가 물체 속을 이동하는 일. 또는 그런 현상. 열전도, 전기 전도 따위. ¶ 은은 열을 잘 전도한다.

1. 아나니아와 삽비라가 저지른 잘못은 성령을 속이고 시험하는 죄였다고 합니다. 이 두 사람이 헌금을 전혀 안한 것도 아닌데, 하나님께서는 왜 그렇게 엄하게 이들을 징계하셨을까요? (3-4절)

2. 예수님을 반대하는 사람들이 사도들을 감옥에 가두었지만, 성령 하나님께서 그들을 구출해 내시고 복음을 계속 전하도록 하셨습니다. 사도들이 전한 복음 이야기에서, 하나님께서 예수님을 죽음에 내어주셨다가 다시 부활하게 하신 이유는 무엇이었나요?

(30-32절)

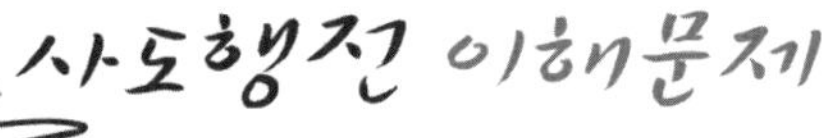

년 월 일

제 6 장

1. 그 때에 제자가 더 많아졌는데 헬
라파 유대인들이 자기의 과부들이 매일
의 구제에 빠지므로 히브리파 사람을
원망하니

2. 열두 사도가 모든 제자를 불러 이
르되 우리가 하나님의 말씀을 제쳐 놓
고 접대를 일삼는 것이 마땅하지 아니
하니

3. 형제들아! 너희 가운데서 성령과

속뜻단어 풀이

- **과:부 寡婦** | 적을 과, 여자 부 [widow] 남편이 죽어 혼자 사는[寡] 여자[婦]. ⓑ 미망인(未亡人). ⓑ 홀아비. 속담 과부는 은이 서 말이고 홀아비는 이가 서 말이다.
- **원망 怨望** | 미워할 원, 바랄 망 [blame; resent] 바란[望] 대로 되지 않아 미워하거나[怨] 분하게 여김.
- **접대 接待** | 맞이할 접, 대접할 대 [attend to; welcome] 손님을 맞이하여[接] 대접(待接)함. ¶ 따뜻한 접대 / 그녀는 미소를 지으며 손님을 접대하였다. ⓑ 대접(待接).

지혜가 충만하여 칭찬 받는 사람 일곱을 택하라. 우리가 이 일을 그들에게 맡기고

4. 우리는 오로지 기도하는 일과 말씀 사역에 힘쓰리라 하니

5. 온 무리가 이 말을 기뻐하여 믿음과 성령이 충만한 사람 스데반과 또 빌립과 브로고로와 니가노르와 디몬과 바메나와 유대교에 입교했던 안디옥 사람 니골라를 택하여

속뜻단어 풀이

- **사역 使役** | 부릴 사, 부릴 역 [ministry] ① 사람을 부림[使=役]. 또는 시킴을 받아 어떤 작업을 함. ② 사환(使喚). ③ 본래의 임무 이외에 임시로 하는 잡무. ④ 기독교 노예에게 부과되는 강제 노역, 하나님의 거룩한 일, 말씀을 전하고 가르치는 일, 주님을 위한 봉사 등을 가리킴.
- **충만 充滿** | 채울 충, 넘칠 만 [full] 넘치도록[滿] 가득 채움[充]. ¶ 마음에 기쁨이 충만하다 / 그 안내서는 유익한 기사로 충만하다.
- **입교 入教** | 들 입, 종교 교 [enter the church] ① 세례를 받아 정식으로 신자가 되어 교회(教會)의 구성원으로 가입(加入) 되는 일. ② 종교를 믿기 시작함.

6. 사도들 앞에 세우니 사도들이 기도
하고 그들에게 안수하니라.
7. 하나님의 말씀이 점점 왕성하여 예
루살렘에 있는 제자의 수가 더 심히
많아지고 허다한 제사장의 무리도 이
도에 복종하니라.
8. 스데반이 은혜와 권능이 충만하여
큰 기사와 표적을 민간에 행하니
9. 이른바 자유민들 즉 구레네인,
알렉산드리아인, 길리기아와 아시아에서

속뜻단어 풀이

- **안:수 按手** | 누를 안, 손 수 [impose hands] 기독교 기도를 할 때 또는 성직 수여식이나 기타 교회의 예식에서 주례자가 신자의 머리 위에 손[手]을 얹는[按] 일.
- **왕:성 旺盛** | 성할 왕, 가득할 성 [be prosperous] 한창 성하고[旺] 가득 참[盛]. ¶ 혈기 왕성 / 식욕이 왕성하다.
- **허다 許多** | 매우 허, 많을 다 [common] 수효가 매우[許] 많다[多].

온 사람들의 회당에서 어떤 자들이 일
어나 스데반과 더불어 논쟁할새
10. 스데반이 지혜와 성령으로 말함을
그들이 능히 당하지 못하여
11. 사람들을 매수하여 말하게 하되
이 사람이 모세와 하나님을 모독하는
말을 하는 것을 우리가 들었노라 하게
하고
12. 백성과 장로와 서기관들을 충동시
켜 와서 잡아가지고 공회에 이르러

속뜻단어 풀이

- **논쟁 論爭** | 논할 론, 다툴 쟁 [dispute; argue] 여럿이 자신의 의견을 주장하며[論] 다툼[爭]. ¶ 열띤 논쟁을 벌이다. ㉥ 논전(論戰), 논판(論判).
- **모:독 冒瀆** | 시기할 모, 더러워질 독 [insult; blaspheme] 남을 시기하고[冒] 더럽힘[瀆]. ¶ 모독 행위 / 인격을 모독하는 말은 하면 안 된다. ㉥ 모욕(侮辱).
- **충동 衝動** | 찌를 충, 움직일 동 [urge; instigate; incite] ① 속뜻 마음을 들쑤셔서[衝] 움직이게[動] 함. ② 순간적으로 어떤 행동을 하고 싶은 욕구를 느끼게 하는 마음속의 자극. ¶ 수영장을 보니 뛰어들고 싶은 충동이 든다. ③ 어떤 일을 하도록 남을 부추기거나 심하게 마음을 흔들어 놓음. ¶ 그의 충동으로 나는 내키지 않는 일을 억지로 하고 말았다 / 물건을 사라며 사람들을 충동하다.

13. 거짓 증인들을 세우니 이르되 이 사람이 이 거룩한 곳과 율법을 거슬러 말하기를 마지 아니하는도다.

14. 그의 말에 이 나사렛 예수가 이 곳을 헐고 또 모세가 우리에게 전하여 준 규례를 고치겠다 함을 우리가 들었노라 하거늘

15. 공회 중에 앉은 사람들이 다 스데반을 주목하여 보니 그 얼굴이 천사의 얼굴과 같더라.

속뜻단어 풀이

- **규례 規例** | 법 규, 법식 례 [rules and regulations] 일정한 규칙(規則)과 정해진 관례(慣例). ¶ 예전의 규례대로 의식을 거행하다.
- **주:목 注目** | 쏟을 주, 눈 목 [pay attention] ① 속뜻 눈[目]길을 한곳에 쏟음[注]. ② 어떤 대상이나 일에 대해 특별히 관심을 가지고 자세히 살핌. ¶ 그 사건은 주목을 별로 받지 못했다.

1. 사도들이 성령과 지혜가 충만하여 칭찬받는 사람 일곱(집사)을 임명한 두 가지 이유는 무엇이었나요? (1-6절)

2. 설교하고 기도에 전념하는 사도들 외에 일곱 명의 집사들이 임명된 결과가 교회에서 어떻게 나타났다고 성경은 증언하고 있습니까? (7절)

제 7 장

1. 대제사장이 이르되 이것이 사실이냐?

2. 스데반이 이르되 여러분 부형들이여 들으소서 우리 조상 아브라함이 하란에 있기 전 메소보다미아에 있을 때에 영광의 하나님이 그에게 보여

3. 이르시되 네 고향과 친척을 떠나 내가 네게 보일 땅으로 가라 하시니

4. 아브라함이 갈대아 사람의 땅을 떠나 하란에 거하다가 그의 아버지가 죽

속뜻단어 풀이

- **부형 父兄** | 아버지 부, 맏 형 [one's father and brothers; guardians] ① 속뜻 아버지[父]와 형[兄]. ② 학교에서 학생의 보호자를 두루 일컫는 말.
- **친척 親戚** | 친할 친, 겨레 척 [relative] ① 속뜻 친족(親族)과 외척(外戚). ② 혈통이 아버지와 어머니와 배우자에 가까운 사람. ¶ 그는 내 먼 친척이다.

으매 하나님이 그를 거기서 너희 지금
사는 이 땅으로 옮기셨느니라.
5. 그러나 여기서 발 붙일 만한 땅도
유업으로 주지 아니하시고 다만 이 땅
을 아직 자식도 없는 그와 그의 후손
에게 소유로 주신다고 약속하셨으며
6. 하나님이 또 이같이 말씀하시되 그
후손이 다른 땅에서 나그네가 되리니
그 땅 사람들이 종으로 삼아 사백 년
동안을 괴롭게 하리라 하시고

속뜻단어 풀이

- **유업 遺業** | 전할 유, 업 업 [work left by someone; inheritance] ① 선대로부터 물려받은[遺] 사업(事業) ② 기독교 땅, 재산, 자손 대대로 물려주는 것.
- **소유 所有** | 것 소, 가질 유 [own; have; possess] 가지고 있는[有] 어떤 것[所]. 자기의 것으로 가짐. 또는 가지고 있음.

7. 또 이르시되 종 삼는 나라를 내가 심판하리니 그 후에 그들이 나와서 이곳에서 나를 섬기리라 하시고
8. 할례의 언약을 아브라함에게 주셨더니 그가 이삭을 낳아 여드레 만에 할례를 행하고 이삭이 야곱을, 야곱이 우리 열두 조상을 낳으니라.
9. 여러 조상이 요셉을 시기하여 애굽에 팔았더니 하나님이 그와 함께 계셔
10. 그 모든 환난에서 건져내사 애굽

속뜻단어 풀이

- **할례 割禮** | 나눌 할, 예도 례 [Circumcision] ① 남성 성기의 포피 끝을 잘라버리는 의식. ② 할례는 하나님의 명령으로 이스라엘에게 행해진 할례는 하나님과 이스라엘 사이의 언약의 표증이었으며 이스라엘이 하나님께 선택되어 언약을 맺은 백성으로서 하나님께 순종하고 헌신하겠다는 약속의 상징이었다.
- **여드레** [eight days] ① 여덟 날. ¶ 나는 여드레 동안 중국에 있었다. ② 매월 8일. 초여드렛날. ¶ 할머니의 생신은 구월 여드레이다.
- **시기 猜忌** | 샘할 시, 미워할 기 [be jealous of; be envious of; envy] 시샘하여[猜] 미워함[忌]. ¶ 사람들은 그의 성공을 시기했다. ㉥ 샘, 질투.

왕 바로 앞에서 은총과 지혜를 주시매
바로가 그를 애굽과 자기 온 집의 통
치자로 세웠느니라.
11. 그 때에 애굽과 가나안 온 땅에
흉년이 들어 큰 환난이 있을새 우리
조상들이 양식이 없는지라
12. 야곱이 애굽에 곡식 있다는 말을
듣고 먼저 우리 조상들을 보내고
13. 또 재차 보내매 요셉이 자기 형
제들에게 알려지게 되고 또 요셉의 친

속뜻단어 풀이

- **통치 統治** | 묶을 통, 다스릴 치 [rule over; govern; administer] ① 속뜻 하나로 묶어서[統] 도맡아 다스림[治]. ② 지배자가 주권을 행사하여 국토 및 국민을 다스림. ¶ 나라를 통치하다.
- **흉년 凶年** | 흉할 흉, 해 년 [bad year; year of bad harvest] ① 속뜻 수확이 흉(凶)한 해[年]. ② 농작물이 예년에 비하여 잘 되지 아니하여 굶주리게 된 해. ¶ 오랜 가뭄으로 흉년이 들다. ③ '어떤 산물이 매우 적게 나거나 사물의 소득이 매우 보잘것없는 상태나 처지'를 비유하여 이르는 말. ㉥ 기세(飢歲), 황년(荒年). ㉤ 풍년(豐年).
- **재:차 再次** | 다시 재, 차례 차 [second time; twice] 다시[再] 온 두 번째 차례(次例). 두 번째. ¶ 답안지를 재차 확인하다. ㉥ 거듭.

족이 바로에게 드러나게 되니라.
14. 요셉이 사람을 보내어 그의 아버
지 야곱과 온 친족 일흔다섯 사람을
청하였더니
15. 야곱이 애굽으로 내려가 자기와
우리 조상들이 거기서 죽고
16. 세겜으로 옮겨져 아브라함이 세겜
하몰의 자손에게서 은으로 값 주고 산
무덤에 장사되니라.
17. 하나님이 아브라함에게 약속하신

속뜻단어 풀이

- **친족 親族** | 친할 친, 일가 족 [blood relative] 촌수가 가까운[親] 일가[族]. 혈통으로 가까운 관계에 있는 사람들.
- **장사 葬事** | 장사 지낼 장, 일 사 [funeral] 죽은 사람을 땅에 묻거나 화장하는 일.

때가 가까우매 이스라엘 백성이 애굽에서 번성하여 많아졌더니
18. 요셉을 알지 못하는 새 임금이 애굽 왕위에 오르매
19. 그가 우리 족속에게 교활한 방법을 써서 조상들을 괴롭게 하여 그 어린 아이들을 내버려 살지 못하게 하려 할새
20. 그 때에 모세가 났는데 하나님 보시기에 아름다운지라 그의 아버지의

속뜻단어 풀이

- **번성 繁盛** | 많을 번, 담을 성 [prosper; flourish] ① 많이[繁] 담겨[盛] 있음. ② 한창 성하게 일어나 퍼짐. ③ 나무나 풀이 무성함.
- **왕위 王位** | 임금 왕, 자리 위 [throne] 임금[王]의 자리[位]. ¶ 세조는 단종의 뒤를 이어 왕위를 계승했다. ㊥ 왕좌(王座), 보위(寶位), 보조(寶祚), 어좌(御座).
- **교활 狡猾** | 교활할 교, 교활할 활 [cunning; sly] 간사하고 음흉함[狡=猾]. ¶ 교활한 녀석. ㊥ 간사(奸邪).

집에서 석 달 동안 길리더니
21. 버려진 후에 바로의 딸이 그를
데려다가 자기 아들로 기르매
22. 모세가 애굽 사람의 모든 지혜를
배워 그의 말과 하는 일들이 능하더라.
23. 나이가 사십이 되매 그 형제 이
스라엘 자손을 돌볼 생각이 나더니
24. 한 사람이 원통한 일 당함을 보
고 보호하여 압제 받는 자를 위하여
원수를 갚아 애굽 사람을 쳐 죽이니라.

속뜻단어 풀이

- **원통 寃痛** | 억울할 원, 아플 통 [grievous; lamentable] 억울하여[寃] 마음이 아픔[痛]. 분하고 억울함. ¶ 그는 도둑이라는 누명을 쓰고 죽기가 원통하여 눈물을 흘렸다.
- **압제 壓制** | 누를 압, 억제할 제 [oppression; repression] 권력이나 폭력으로 남을 꼼짝 못하게 눌러[壓] 제압[制壓]함.

25. 그는 그의 형제들이 하나님께서 자기의 손을 통하여 구원해 주시는 것을 깨달으리라고 생각하였으나 그들이 깨닫지 못하였더라.

26. 이튿날 이스라엘 사람끼리 싸울 때에 모세가 와서 화해시키려 하여 이르되 너희는 형제인데 어찌 서로 해치느냐 하니

27. 그 동무를 해치는 사람이 모세를 밀어뜨려 이르되 누가 너를 관리와 재

속뜻단어 풀 이

• **화해 和解** | 화합할 화, 풀 해 [reconcile; make peace] ① 싸움하던 것을 멈추고 화합(和合)하여 안 좋은 감정을 풀어[解] 없앰. ¶ 우리 이제 그만 화해하자. ② 민사상의 분쟁을 재판 이외에 당사자 간에 해결하는 일. 또는 그 계약. ③ 위장을 편히 하고 땀이 나게 하여 외기(外氣)를 푸는 일.
• **동무** [friend; mate] ① 친하게 어울리거나 어떤 일에 짝이 되어 함께 일하는 사람. ② 북한에서 일반적으로 남을 친근하게 부르는 말. ㊥ 벗, 친구.

판장으로 우리 위에 세웠느냐
28. 네가 어제는 애굽 사람을 죽임과
같이 또 나를 죽이려느냐 하니
29. 모세가 이 말 때문에 도주하여
미디안 땅에서 나그네 되어 거기서 아
들 둘을 낳으니라.
30. 사십 년이 차매 천사가 시내 산
광야 가시나무 떨기 불꽃 가운데서 그
에게 보이거늘
31. 모세가 그 광경을 보고 놀랍게

속뜻단어 풀 이

- **도주 逃走** | 달아날 도, 달릴 주 [escape; run away] 달아나[逃] 달림[走]. ¶ 범인들이 도주했다. ㊎ 도망(逃亡), 도피(逃避).
- **광경 光景** | 빛 광, 볕 경 [scene; sight] ① 속뜻 아름답게 빛나는[光] 풍경(風景). ② 벌어진 일의 형편과 모양. ¶ 참혹한 광경이 벌어지다. ㊎ 상황(狀況).

여겨 알아보려고. 가까이 가니 주의 소
리가 있어
32. 나는 네 조상의 하나님 즉 아브
라함과 이삭과 야곱의 하나님이라 하신
대 모세가 무서워 감히 바라보지 못하
더라.
33. 주께서 이르시되 네 발의 신을
벗으라 네가 서 있는 곳은 거룩한 땅
이니라.
34. 내 백성이 애굽에서 괴로움 받음

속뜻단어 풀 이

- **조상 祖上** | 할아버지 조, 위 상 [ancestor; forefather] ① 속뜻 선조(先祖)가 된 윗[上]세대의 어른. ¶ 우리는 조상 대대로 이 마을에서 살아왔다. ② 자기 세대 이전의 모든 세대. ¶ 한글에는 조상들의 슬기와 지혜가 담겨 있다. ⓑ 자손(子孫).
- **거룩** [holy] 히브리어로 '코데쉬'는 '잘라냄, 분리함'을 의미하는 말로 더러움과 분리된 상태를 말한다. 거룩은 하나님께만 있는 성품으로 모든 피조물과 완전히 다르게 구별되심을 말한다.

을 내가 확실히 보고 그 탄식하는 소리를 듣고 그들을 구원하려고 내려왔노니 이제 내가 너를 애굽으로 보내리라 하시니라.
35. 그들의 말이 누가 너를 관리와 재판장으로 세웠느냐 하며 거절하던 그 모세를 하나님은 가시나무 떨기 가운데서 보이던 천사의 손으로 관리와 속량하는 자로서 보내셨으니
36. 이 사람이 백성을 인도하여 나오

속뜻단어 풀이

- **탄식 歎息** | 한탄할 탄, 쉴 식 [sigh] 한탄(恨歎)하며 한숨을 쉼(息).
- **속량 贖良** | 속죄할 속, 어질 량 [emancipate; redemption] ① 역사 몸값을 받고 노비의 신분을 풀어 주어서[贖] 양민(良民)이 되게 하던 일. ¶ 노비의 속량을 허락하다. ② 기독교 지은 죄를 물건이나 다른 공로 따위로 비겨 없앰. ㉥ 속죄(贖罪).

게 하고 애굽과 홍해와 광야에서 사십
년간 기사와 표적을 행하였느니라.
37. 이스라엘 자손에 대하여 하나님이
너희 형제 가운데서 나와 같은 선지자
를 세우리라 하던 자가 곧 이 모세라
38. 시내 산에서 말하던 그 천사와
우리 조상들과 함께 광야 교회에 있었
고 또 살아 있는 말씀을 받아 우리에
게 주던 자가 이 사람이라
39. 우리 조상들이 모세에게 복종하지

속뜻단어 풀이

- **표적 表迹** | 겉 표, 자취 적 [miraculous signs; miracles] ① 겉[表]으로 나타난 자취[迹]. ② 기독교 기적을 의미.
- **복종 服從** | 따를 복, 따를 종 [obey] ① 속뜻 남의 말 따위에 따름[服=從]. ② 남의 명령, 요구, 의지 등에 그대로 따름. ¶ 명령에 즉각 복종하다. ⓑ 거역(拒逆), 반항(反抗).

아니하고자 하여 거절하며 그 마음이
도리어 애굽으로 향하여
40. 아론더러 이르되 우리를 인도할
신들을 우리를 위하여 만들라 애굽 땅
에서 우리를 인도하던 이 모세는 어떻
게 되었는지 알지 못하노라 하고
41. 그 때에 그들이 송아지를 만들어
그 우상 앞에 제사하며 자기 손으로
만든 것을 기뻐하더니
42. 하나님이 외면하사 그들을 그 하

속뜻단어 풀이

- **거:절 拒絶** | 막을 거, 끊을 절 [refuse; reject] 상대방의 요구나 부탁을 막고[拒] 물리침[絶]. ¶ 제의를 거절했다. (비) 거부(拒否). (반) 응낙(應諾).
- **제:사 祭祀** | 제사 제, 제사 사 [religious service; sacrificial rites] 신령이나 죽은 사람의 넋에게 정성을 다하여 제물(祭物)을 바쳐 추모하고 복을 비는 의식[祀]. ¶ 제사를 지내다 / 제삿날.
- **외면 外面** | 밖 외, 쪽 면 [look the other way] ① 바깥[外] 면(面). ② 말이나 하는 짓이 겉에 드러나는 모양. ¶ 사람은 외면만 보고 판단해서는 안 된다. ② 마주치기를 꺼리어 피하거나 얼굴을 돌림. ¶ 승재는 친구들에게 외면을 당했다. ④ 어떤 사상이나 이론, 현실, 사실, 진리 따위를 인정하지 않고 도외시함. ¶ 진실을 외면하다.

늘의 군대 섬기는 일에 버려 두셨으니 이는 선지자의 책에 기록된 바 이스라엘의 집이여 너희가 광야에서 사십 년간 희생과 제물을 내게 드린 일이 있었느냐

43. 몰록의 장막과 신 레판의 별을 받들었음이여 이것은 너희가 절하고자 하여 만든 형상이로다 내가 너희를 바벨론 밖으로 옮기리라 함과 같으니라.

44. 광야에서 우리 조상들에게 증거의

속뜻단어 풀이

- **선지-자 先知者** | 먼저 선, 알 지, 사람 자 [prophet; prophetess] ① 속뜻 세상일을 남보다 먼저[先] 깨달아 아는[知] 사람[者]. ㊥ 선각자(先覺者). ② 지난날 '예언자(預言者)'를 이르던 말. 선지
- **제:물 祭物** | 제사 제, 만물 물 [things offered in sacrifice] ① 속뜻 제사(祭祀)에 쓰는 음식물(飮食物). ¶ 양을 제물로 바치다. ② 희생된 물건이나 사람 따위를 비유하여 이르는 말. ㊥ 제수(祭需), 품(祭品), 천수(薦羞).
- **장막 帳幕** | 휘장 장, 막 막 [tent] ① 사람이 들어가 볕이나 비를 피할 수 있도록 한데에 둘러치는 휘장[帳]이나 천막[幕]. ② 안을 보지 못하게 둘러치는 막.

장막이 있었으니 이것은 모세에게 말씀
하신 이가 명하사 그가 본 그 양식대
로 만들게 하신 것이라
45. 우리 조상들이 그것을 받아 하나
님이 그들 앞에서 쫓아내신 이방인의
땅을 점령할 때에 여호수아와 함께 가
지고 들어가서 다윗 때까지 이르니라.
46. 다윗이 하나님 앞에서 은혜를 받
아 야곱의 집을 위하여 하나님의 처소
를 준비하게 하여 달라고 하더니

속뜻단어 풀이

- **점령 占領** | 차지할 점, 거느릴 령 [occupy; capture] ① 속뜻 차지하여[占] 거느림[領]. ② 교전국의 군대가 적국의 영토에 들어가 그 지역을 군사적으로 지배함. ¶ 영국군은 거문도를 점령했다.
- **처소 處所** | 살 처, 곳 소 [location; living place; residence] 사람이 살고[處] 있는 곳[所].

47. 솔로몬이 그를 위하여 집을 지었느니라.

48. 그러나 지극히 높으신 이는 손으로 지은 곳에 계시지 아니하시나니 선지자가 말한 바

49. 주께서 이르시되 하늘은 나의 보좌요 땅은 나의 발등상이니 너희가 나를 위하여 무슨 집을 짓겠으며 나의 안식할 처소가 어디냐

50. 이 모든 것이 다 내 손으로 지

속뜻단어 풀이

- **보좌 寶座** | 보배로울 보, 자리 좌 [throne] ① 보배로운[寶] 자리[座]. ② 왕이 앉는 자리.
- **안식 安息** | 편안할 안, 쉴 식 [rest] 편안(便安)히 쉼[息]. ¶ 여름휴가 때 그는 고향에서 안식을 취했다.

은 것이 아니냐 함과 같으니라.

51. 목이 곧고 마음과 귀에 할례를 받지 못한 사람들아 너희도 너희 조상과 같이 항상 성령을 거스르는도다.

52. 너희 조상들이 선지자들 중의 누구를 박해하지 아니하였느냐 의인이 오시리라 예고한 자들을 그들이 죽였고 이제 너희는 그 의인을 잡아 준 자요 살인한 자가 되나니

53. 너희는 천사가 전한 율법을 받고

속뜻단어 풀이

- **조상 祖上** | 할아버지 조, 위 상 [ancestor; forefather] ① 속뜻 선조(先祖)가 된 윗[上]세대의 어른. ¶ 우리는 조상 대대로 이 마을에서 살아왔다. ② 자기 세대 이전의 모든 세대. ¶ 한글에는 조상들의 슬기와 지혜가 담겨 있다. ⓑ 자손(子孫).
- **박해 迫害** | 다그칠 박, 해칠 해 [oppress; persecute] ① 다그쳐[迫] 해(害)를 입힘. ② 못살게 굴어 해롭게 함. ¶ 천주교 신도를 박해하다.
- **예:고 豫告** | 미리 예, 알릴 고 [give notice] 미리[豫] 알림[告]. ¶ 사고는 항상 예고 없이 찾아온다 / 가격 인상을 예고하다.
- **율법 律法** | 법칙 률, 법 법 [law; rule] ① 속뜻 규범[律]과 법[法]. ② 기독교 하나님이 인간에게 지키도록 내린 규범을 이르는 말.

도 지키지 아니하였도다 하니라.
54. 그들이 이 말을 듣고 마음에 찔
려 그를 향하여 이를 갈거늘
55. 스데반이 성령 충만하여 하늘을
우러러 주목하여 하나님의 영광과 및
예수께서 하나님 우편에 서신 것을 보
고
56. 말하되 보라 하늘이 열리고 인자
가 하나님 우편에 서신 것을 보노라
한대

속뜻단어 풀이

- **주:목 注目** | 쏟을 주, 눈 목 [pay attention] ① 속뜻 눈[目]길을 한곳에 쏟음[注]. ② 어떤 대상이나 일에 대해 특별히 관심을 가지고 자세히 살핌. ¶ 그 사건은 주목을 별로 받지 못했다.
- **우편 右便** | 오른쪽 우, 쪽 편 [right side] 오른[右] 쪽[便]. ¶ 단상 우편에 앉다.

57. 그들이 큰 소리를 지르며 귀를
막고 일제히 그에게 달려들어
58. 성 밖으로 내치고 돌로 칠새 증
인들이 옷을 벗어 사울이라 하는 청년
의 발 앞에 두니라.
59. 그들이 돌로 스데반을 치니 스데
반이 부르짖어 이르되 주 예수여 내
영혼을 받으시옵소서 하고
60. 무릎을 꿇고 크게 불러 이르되
주여 이 죄를 그들에게 돌리지 마옵소

속뜻단어 풀이

- **일제히 一齊-** | 한 일, 가지런할 제 [altogether] 여럿이 가지런하게[一齊]에. 한꺼번에. ¶ 일제히 애국가를 제창하였다.
- **증인 證人** | 증거 증, 사람 인 [witness] 어떤 사실을 증명(證明)하는 사람.
- **영혼 靈魂** | 혼령 령, 넋 혼 [soul] ① 속뜻 죽은 사람의 넋[靈=魂]. ② 육체에 깃들어 마음의 작용을 맡고 생명을 부여한다고 여겨지는 비물질적 실체. ¶ 나는 영혼 불멸을 믿는다.

서 이 말을 하고 자니라.

1. 은혜와 권능이 충만하여 지혜와 성령으로(6:8-10) 말하는 스데반의 복음설교는 아브라함의 이야기로 시작하여 다윗과 솔로몬의 이야기로 이어지고 있습니다. 그의 설교의 결론은 무엇이었나요? (52-53절)

2. 스데반의 설교에 대한 제사장과 종교지도자들의 반응은 어떠했나요? (54-58절)

제 8 장

1. 사울은 그가 죽임 당함을 마땅히 여기더라. 그 날에 예루살렘에 있는 교회에 큰 박해가 있어 사도 외에는 다 유대와 사마리아 모든 땅으로 흩어지니라.

2. 경건한 사람들이 스데반을 장사하고 위하여 크게 울더라.

3. 사울이 교회를 잔멸할새 각 집에 들어가 남녀를 끌어다가 옥에 넘기니라

속뜻단어 풀이

• **경:건 敬虔** | 공경할 경, 정성 건 [devout; pious] 공경(恭敬)하는 마음으로 삼가며[虔] 조심성이 있다. ¶ 경건한 마음으로 기도를 드리다.
• **잔멸 殘滅** | 남을 잔, 없어질 멸 [perish; decline; decay] 쇠잔(衰殘)하여 다 없어짐[滅]. ㊥ 잔망(殘亡), 잔폐(殘廢).

4. 그 흩어진 사람들이 두루 다니며 복음의 말씀을 전할새

5. 빌립이 사마리아 성에 내려가 그리스도를 백성에게 전파하니

6. 무리가 빌립의 말도 듣고 행하는 표적도 보고 한마음으로 그가 하는 말을 따르더라.

7. 많은 사람에게 붙었던 더러운 귀신들이 크게 소리를 지르며 나가고 또 많은 중풍병자와 못 걷는 사람이 나으

속뜻단어 풀이

- **전파 傳播** | 전할 전, 뿌릴 파 [spread; propagate] ① 속뜻 전(傳)하여 널리 퍼뜨림[播]. ¶ 또 복음이 먼저 만국에 전파되어야 할 것이니라. ② 물리 파동이 매질 속을 퍼져 가는 일.
- **표적 表迹** | 겉 표, 자취 적 [miraculous signs; miracles] ① 겉[表]으로 나타난 자취[迹]. ② 기독교 기적을 의미.
- **중풍병자 中風病者** | 맞을 중, 바람 풍, 병 병, 사람 자 [the paralyzed] ① 속뜻 바람[風]을 맞은[中] 사람[者] ② 한의학 뇌혈관의 장애로 갑자기 정신을 잃고 넘어져서 구안괘사, 반신불수, 언어 장애 따위의 후유증을 남기는 병인 중풍을 앓고 있는 사람

니

8. 그 성에 큰 기쁨이 있더라.

9. 그 성에 시몬이라 하는 사람이 전부터 있어 마술을 행하여 사마리아 백성을 놀라게 하며 자칭 큰 자라 하니

10. 낮은 사람부터 높은 사람까지 다 따르며 이르되 이 사람은 크다 일컫는 하나님의 능력이라 하더라.

11. 오랫동안 그 마술에 놀랐으므로 그들이 따르더니

속뜻단어 풀이

- **자칭 自稱** | 스스로 자, 일컬을 칭 [self professed] 남에게 자기(自己)를 일컬음[稱]. 스스로 말함. ¶ 아까 자칭 가수라는 사람이 왔다 갔어요.
- **마술 魔術** | 마귀 마, 꾀 술 [magic arts] ① 속뜻 마력(魔力)으로써 하는 불가사의한 술법(術法). ② 재빠른 손놀림이나 여러 가지 장치, 속임수 따위를 써서 불가사의한 일을 해 보이는 술법. 또는 그런 구경거리. ㊥ 요술(妖術), 마법(魔法).

12. 빌립이 하나님 나라와 및 예수 그리스도의 이름에 관하여 전도함을 그들이 믿고 남녀가 다 세례를 받으니

13. 시몬도 믿고 세례를 받은 후에 전심으로 빌립을 따라다니며 그 나타나는 표적과 큰 능력을 보고 놀라니라.

14. 예루살렘에 있는 사도들이 사마리아도 하나님의 말씀을 받았다 함을 듣고 베드로와 요한을 보내매

15. 그들이 내려가서 그들을 위하여

속뜻단어 풀이

- **전도 傳導** | 전할 전, 이끌 도 [conduct; transmit] ① 속뜻 전(傳)하여 인도(引導)함. ② 물리 열 또는 전기가 물체 속을 이동하는 일. 또는 그런 현상. 열전도, 전기 전도 따위. ¶ 은은 열을 잘 전도한다.
- **세:례 洗禮** | 씻을 세, 예도 례 [baptism; christening] ① 기독교 신자가 될 때 베푸는 의식으로 머리 위를 물로 적시거나[洗] 몸을 잠그는 예식(禮式). ¶ 세례를 받다. ② '한꺼번에 몰아치는 비난이나 공격'을 비유하여 이르는 말. ¶ 그는 학생들의 질문 세례를 받았다.

성령 받기를 기도하니
16. 이는 아직 한 사람에게도 성령
내리신 일이 없고 오직 주 예수의 이
름으로 세례만 받을 뿐이더라.
17. 이에 두 사도가 그들에게 안수하
매 성령을 받는지라
18. 시몬이 사도들의 안수로 성령 받
는 것을 보고 돈을 드려
19. 이르되 이 권능을 내게도 주어
누구든지 내가 안수하는 사람은 성령을

속뜻단어 풀이

- **안:수 按手** | 누를 안, 손 수 [impose hands] 기독교 기도를 할 때 또는 성직 수여식이나 기타 교회의 예식에서 주례자가 신자의 머리 위에 손[手]을 얹는[按] 일.
- **권능 權能** | 권세 권, 능할 능 [power, authority] ① 속뜻 권세(權勢)와 능력(能力)을 아울러 이르는 말. ¶황제의 위엄과 권능을 보여주었다. ② 법률 권리를 주장하고 행사할 수 있는 능력.

받게 하여 주소서 하니
20. 베드로가 이르되 네가 하나님의
선물을 돈 주고 살 줄로 생각하였으니
네 은과 네가 함께 망할지어다
21. 하나님 앞에서 네 마음이 바르지
못하니 이 도에는 네가 관계도 없고
분깃 될 것도 없느니라.
22. 그러므로 너의 이 악함을 회개하
고 주께 기도하라 혹 마음에 품은 것
을 사하여 주시리라.

속뜻단어 풀이

- **관계 關係** | 빗장 관, 맬 계 [relate; connect with] ① 속뜻 둘 이상이 서로 관련(關聯)을 맺음[係]. ¶ 관계를 끊다. ② 어떤 방면이나 영역에 관련이 있거나 영향을 미치다. ¶ 교육 관계 서적 / 네가 있든 없든 관계 없다. ⓑ 관련(關聯), 상관(相關).
- **분깃 分―** | 나눌 분 [share; lot] 유산을 한 몫 나누어[分] 줌. 또는 그 몫. ¶ 딸에게도 분깃을 나누어 주었다.

23. 내가 보니 너는 악독이 가득하며 불의에 매인 바 되었도다.

24. 시몬이 대답하여 이르되 나를 위하여 주께 기도하여 말한 것이 하나도 내게 임하지 않게 하소서 하니라.

25. 두 사도가 주의 말씀을 증언하여 말한 후 예루살렘으로 돌아갈새 사마리아인의 여러 마을에서 복음을 전하니라

26. 주의 사자가 빌립에게 말하여 이르되 일어나서 남쪽으로 향하여 예루살

속뜻단어 풀이

- **불의 不義** | 아닐 불, 옳을 의 [immorality] 옳지[義] 아니한[不] 일. ¶ 나는 불의를 보면 참지 못한다. ㊥ 정의(正義).
- **증언 證言** | 증거 증, 말씀 언 [testify; attest] 법률 증인(證人)으로서 사실을 말함[言]. 또는 그런 말. ¶ 목격자의 증언을 듣다 / 범인은 붉은 셔츠를 입었다고 증언했다.
- **사:자 使者** | 부릴 사, 사람 자 [envoy; emissary] ① 속뜻 명령이나 부탁을 받고 심부름하는[使] 사람[者]. ② 법률 타인의 완성된 의사 표시를 전하는 사람. 또는 타인이 결정한 의사를 상대편에게 알려 그 의사 표시를 완성하는 사람. ③ 역사 부여 · 고구려 때에, 지방의 조세나 공물을 거두는 일을 맡아보던 벼슬. ㊐ 행인(行人).

렘에서 가사로 내려가는 길까지 가라 하니 그 길은 광야라

27. 일어나 가서 보니 에디오피아 사람 곧 에디오피아 여왕 간다게의 모든 국고를 맡은 관리인 내시가 예배하러 예루살렘에 왔다가

28. 돌아가는데 수레를 타고 선지자 이사야의 글을 읽더라.

29. 성령이 빌립더러 이르시되 이 수레로 가까이 나아가라 하시거늘

속뜻단어 풀이

- **국고 國庫** | 나라 국, 곳집 고 [National Treasury] ① 역사 나라[國]의 재산인 곡식이나 돈 따위를 넣어 보관하던 창고(倉庫). ¶ 왕은 국고를 열어 굶주린 백성에게 곡식을 나누어 주었다. ② 경제 국가의 재정적 활동에 따른 현금의 수입과 지출을 담당하기 위하여 한국은행에 설치한 예금 계정. 또는 그 예금. ¶ 국고를 지원하다. ③ 법률 현금을 수납하고 지급하는 주체로서의 국가를 이르는 말. ¶ 국고 수입을 늘리다.
- **수레** [wagon; cart] 사람이 타거나 짐을 싣는, 바퀴를 달아 굴러 가게 만든 기구. ¶ 빈 수레가 요란하다.

30. 빌립이 달려가서 선지자 이사야의 글 읽는 것을 듣고 말하되 읽는 것을 깨닫느냐
31. 대답하되 지도해 주는 사람이 없으니 어찌 깨달을 수 있느냐 하고 빌립을 청하여 수레에 올라 같이 앉으라 하니라.
32. 읽는 성경 구절은 이것이니 일렀으되 그가 도살자에게로 가는 양과 같이 끌려갔고 털 깎는 자 앞에 있는

속뜻단어 풀이

- **구절 句節** | 글귀 구, 마디 절 [the passage of Scripture] ① 한 토막의 말이나 글 ¶ 시의 한 구절을 읊다. ② 구(句)와 절(節)
- **도살자 屠殺者** | 죽일 도, 죽일 살, 놈 자 [butcher, slaughterer] ① 소나 개, 돼지 따위를 잡는 일을 직업으로 하는 사람. ② 무고한 사람을 함부로 죽이는 사람.

어린 양이 조용함과 같이 그의 입을
열지 아니하였도다.
33. 그가 굴욕을 당했을 때 공정한
재판도 받지 못하였으니 누가 그의 세
대를 말하리요 그의 생명이 땅에서 빼
앗김이로다 하였거늘
34. 그 내시가 빌립에게 말하되 청컨
대 내가 묻노니 선지자가 이 말한 것
이 누구를 가리킴이냐 자기를 가리킴이
나 타인을 가리킴이냐

속뜻단어 풀이

- **굴욕 屈辱** | 굽힐 굴, 욕될 욕 [humiliation; disgrace] 남에게 굴복(屈服)되어 업신여김을 받음[辱]. ¶ 굴욕을 당하다. ㊥ 모욕(侮辱).
- **세:대 世代** | 인간 세, 시대 대 [generation] ① 속뜻 한 사람[世]이 살아가는 일정 시대(時代). ② 같은 시대에 살면서 공통의 의식을 가지는 비슷한 연령층의 사람 전체. ¶ 젊은 세대. ③ 한 생물이 생겨나서 생존을 끝마칠 때까지의 기간.

35. 빌립이 입을 열어 이 글에서 시작하여 예수를 가르쳐 복음을 전하니
36. 길 가다가 물 있는 곳에 이르러 그 내시가 말하되 보라 물이 있으니 내가 세례를 받음에 무슨 거리낌이 있느냐
37. (없음)
38. 이에 명하여 수레를 멈추고 빌립과 내시가 둘 다 물에 내려가 빌립이 세례를 베풀고

속뜻단어 풀이
- **거리끼다** [hesitate] ① 일이나 행동 따위를 하는 데에 걸려서 방해가 되다. ② 일이 마음에 걸려서 꺼림칙하게 생각되다.
- **내:시 內侍** | 안 내, 모실 시 [eunuch] 역사 궁궐 안[內]에서 임금의 시중을 들던[侍] 관리. ㊥ 환관(宦官). ㊦ 궁녀.

39. 둘이 물에서 올라올새 주의 영이 빌립을 이끌어간지라 내시는 기쁘게 길을 가므로 그를 다시 보지 못하니라.

40. 빌립은 아소도에 나타나 여러 성을 지나 다니며 복음을 전하고 가이사라에 이르니라.

속뜻단어 풀이

• **복음 福音** | 복 복, 소리 음 [glad tidings; (Christian) Gospel] ① 속뜻 복(福) 받을 기쁜 소식[音]. ② 기독교 예수의 가르침. 또는 예수에 의한 인간 구원의 길.

1. 사도 바울은 회개하기 전에 스데반의 죽음을 목격하였는데(1절), 그는 스데반 집사의 죽음을 마땅하게 여기면서 교회를 박해하였습니다. 오늘날 교회를 가장 박해하는 사람, 또는 환경은 무엇이라고 여러분은 생각하십니까? 오늘날 우리에게 있어서 순교적 행동은 무엇일지 생각해보고 가족들과 함께 나누어보세요. (1-3절)

2. 시몬이라는 사람은 사도들의 안수(손을 몸에 얹고 기도하는 행위)를 통하여 성령이 임하는 것을 돈으로 사려고 시도합니다(19절). 이때 베드로는 그 생각이 매우 악하다고 꾸짖게 되지요(20-24절). 오늘날에도 이 시몬과 같은 -돈으로 믿음이나 믿음의 열매를 사려는- 태도를 가진 모습이 있다면, 그것이 무엇이라고 생각하나요?

3. 빌립 집사를 인도하는 성령 하나님이 주도적으로 하시는 일은 무엇이었나요? (29절) 우리가 지금 빌립의 경우에서 보는 것처럼, 이러한 성령께 순종하는 믿음의 행위는 무엇일까요? (35, 40절)

제 9 장

1. 사울이 주의 제자들에 대하여 여전히 위협과 살기가 등등하여 대제사장에게 가서

2. 다메섹 여러 회당에 가져갈 공문을 청하니 이는 만일 그 도를 따르는 사람을 만나면 남녀를 막론하고 결박하여 예루살렘으로 잡아오려 함이라.

3. 사울이 길을 가다가 다메섹에 가까이 이르더니 홀연히 하늘로부터 빛이

속뜻단어 풀이

- **살기 殺氣** | 죽일 살, 기운 기 [violent temper; murderous spirit] 남을 죽일[殺] 듯한 기세(氣勢)나 분위기. ¶ 눈에 살기가 가득하다.
- **등등 騰騰** | 오를 등, 오를 등 [triumphant] 기세를 뽐내는 꼴이 아주 높다[騰+騰]. ¶ 기세가 등등하다. ㉥ 자신만만(自信滿滿)하다, 의기양양(意氣揚揚)하다.
- **홀연히 忽然–** | 갑자기 홀, 그러할 연 [suddenly] 갑자기[忽] 그러함[然], 뜻밖에.

그를 둘러 비추는지라.
4. 땅에 엎드러져 들으매 소리가 있어
이르시되 사울아! 사울아! 네가 어찌
하여 나를 박해하느냐 하시거늘
5. 대답하되 주여! 누구시니이까? 이
르시되 나는 네가 박해하는 예수라.
6. 너는 일어나 시내로 들어가라. 네
가 행할 것을 네게 이를 자가 있느니
라 하시니
7. 같이 가던 사람들은 소리만 듣고

속뜻단어 풀 이

- **박해 迫害** | 다그칠 박, 해칠 해 [oppress; persecute] ① 속뜻 다그쳐[迫] 해(害)를 입힘. ②못살게 굴어 해롭게 함. ¶ 천주교 신도를 박해하다.
- **주 主** | 주될 주 [principal part; Lord] ① 주요(主要)하거나 기본이 되는 것을 이르는 말. ¶ 이 고장은 농업이 주를 이룬다. ② 기독교 하나님이나 예수님을 이르는 말. ¶ 주께서 늘 살펴 주시옵소서.

아무도 보지 못하여 말을 못하고 서 있더라.
8. 사울이 땅에서 일어나 눈은 떴으나 아무 것도 보지 못하고 사람의 손에 끌려 다메섹으로 들어가서
9. 사흘 동안 보지 못하고 먹지도 마시지도 아니하니라.
10. 그 때에 다메섹에 아나니아라 하는 제자가 있더니 주께서 환상 중에 불러 이르시되 아나니아야 하시거늘 대

속뜻단어 풀 이

- **제:자 弟子** | 아우 제, 아이 자 [disciple; follower] ① 속뜻 아우[弟]나 자식[子]같은 사람. ② 스승의 가르침을 받거나 받은 사람. ¶ 스승의 날이면 제자들이 찾아온다. ⓑ 스승.
- **환:상 幻像** | 헛보일 환, 모양 상 [phantom; illusion; vision] ① 속뜻 헛보이는[幻] 형상(形像). ② 현실로는 존재하지 않는 것이 존재하는 것처럼 보이는 형상. 환영(幻影). ¶ 머리에 자꾸만 그녀의 환상이 떠올랐다.

답하되 주여! 내가 여기 있나이다 하
니
11. 주께서 이르시되 일어나 직가라
하는 거리로 가서 유다의 집에서 다소
사람 사울이라 하는 사람을 찾으라!
그가 기도하는 중이니라.
12. 그가 아나니아라 하는 사람이 들
어와서 자기에게 안수하여 다시 보게
하는 것을 보았느니라 하시거늘
13. 아나니아가 대답하되 주여! 이

속뜻단어 풀이

- **기도 祈禱** | 빌 기, 빌 도 [prayer] 절대적 존재에게 바라는 것을 빎[祈=禱]. 또는 그런 의식. ¶ 비를 내려달라고 신에게 기도하다.
- **안:수 按手** | 누를 안, 손 수 [impose hands] 기독교 기도를 할 때 또는 성직 수여식이나 기타 교회의 예식에서 주례자가 신자의 머리 위에 손[手]을 얹는[按] 일.

사람에 대하여 내가 여러 사람에게 듣
사온즉 그가 예루살렘에서 주의 성도에
게 적지 않은 해를 끼쳤다 하더니
14. 여기서도 주의 이름을 부르는 모
든 사람을 결박할 권한을 대제사장들에
게서 받았나이다 하거늘
15. 주께서 이르시되 가라! 이 사람
은 내 이름을 이방인과 임금들과 이스
라엘 자손들에게 전하기 위하여 택한
나의 그릇이라.

속뜻단어 풀이

- **해 害** | 해칠 해 [harm] 이롭지 아니하게 하거나 손상을 입힘. 또는 그런 것. ¶ 남에게 해를 끼치다. ㉥ 이(利)
- **결박 結縛** | 맺을 결, 묶을 박 [bind; tie] 움직이지 못하게 단단히 매듭을 지어[結] 묶음[縛]. ¶ 형사는 범인을 결박하였다. ㉥ 포박(捕縛).
- **권한 權限** | 권리 권, 끝 한 [right(s) (to); authority; power] 어떤 사람이나 기관의 권리(權利)나 권력(權力)이 미치는 범위[限]. ¶ 국회는 법률을 제정할 수 있는 권한이 있다. ㉥ 권리(權利).

16. 그가 내 이름을 위하여 얼마나
고난을 받아야 할 것을 내가 그에게
보이리라 하시니

17. 아나니아가 떠나 그 집에 들어가
서 그에게 안수하여 이르되 형제 사울
아 주 곧 네가 오는 길에서 나타나셨
던 예수께서 나를 보내어 너로 다시
보게 하시고 성령으로 충만하게 하신다
하니

18. 즉시 사울의 눈에서 비늘 같은

속뜻단어 풀이

- **충만 充滿** | 채울 충, 넘칠 만 [full] 넘치도록[滿] 가득 채움[充]. ¶ 마음에 기쁨이 충만하다 / 그 안내서는 유익한 기사로 충만하다.
- **비늘** [scale] 어류 · 파충류 등의 고등 동물의 몸 표면을 덮고 있는 단단하고 작은 조각. ¶ 뱀은 온 몸에 비늘이 덮여있다.

것이 벗어져 다시 보게 된지라 일어나
세례를 받고
19. 음식을 먹으매 강건하여지니라. 사
울이 다메섹에 있는 제자들과 함께 며
칠 있을새
20. 즉시로 각 회당에서 예수가 하나
님의 아들이심을 전파하니
21. 듣는 사람이 다 놀라 말하되 이
사람이 예루살렘에서 이 이름을 부르는
사람을 멸하려던 자가 아니냐? 여기

속뜻단어 풀이

- **강건 強健** | 굳셀 강, 튼튼할 건 [strong] 몸이 굳세고[強] 튼튼하다[健]. 강건한 신체. ㉥ 병약(病弱).
- **전파 傳播** | 전할 전, 뿌릴 파 [spread; propagate] ① 속뜻 전(傳)하여 널리 퍼뜨림[播]. ¶ 또 복음이 먼저 만국에 전파되어야 할 것이니라 ② 물리 파동이 매질 속을 퍼져 가는 일.

온 것도 그들을 결박하여 대제사장들에게 끌어 가고자 함이 아니냐 하더라.
22. 사울은 힘을 더 얻어, 예수를 그리스도라 증언하여 다메섹에 사는 유대인들을 당혹하게 하니라.
23. 여러 날이 지나매 유대인들이 사울 죽이기를 공모하더니
24. 그 계교가 사울에게 알려지니라. 그들이 그를 죽이려고 밤낮으로 성문까지 지키거늘

속뜻단어 풀이

- **당혹 當惑** | 당할 당, 홀릴 혹 [be perplexed; be embarrassed] 갑자기 일을 당(當)하여 어찌할 바를 모르고 쩔쩔맴[惑]. ¶ 그의 태도에 당혹했다 / 당혹감을 감추지 못했다. ⓑ 당황(唐慌).
- **공:모 共謀** | 함께 공, 꾀할 모 [joint conspiracy] 함께[共] 일을 꾸밈[謀]. '공동 모의'(共同謀議)의 준말.
- **계교 計巧** | 꾀 계, 공교할 교 [scheme; stratagem; plot] 이리저리 생각하여 짜낸 공교(工巧)로운 꾀[計].

25. 그의 제자들이 밤에 사울을 광주리에 담아 성벽에서 달아 내리니라.
26. 사울이 예루살렘에 가서 제자들을 사귀고자 하나 다 두려워하여 그가 제자 됨을 믿지 아니하니
27. 바나바가 데리고 사도들에게 가서 그가 길에서 어떻게 주를 보았는지와 주께서 그에게 말씀하신 일과 다메섹에서 그가 어떻게 예수의 이름으로 담대히 말하였는지를 전하니라.

속뜻단어 풀이

- **광주리** [round basket] 대 · 싸리 · 버들 등으로 엮어 만든 둥근 그릇. ¶ 광주리에 채소를 담았다.
- **사:도 使徒** | 부릴 사, 무리 도 [apostle] ① 기독교 예수가 복음을 널리 전하는 것을 시키기[使] 위하여 특별히 뽑은 열두 제자[徒]. ② 신성한 일을 위하여 헌신적으로 일하는 사람을 비유하여 이르는 말. ¶ 정의의 사도가 나가신다.

28. 사울이 제자들과 함께 있어 예루살렘에 출입하며

29. 또 주 예수의 이름으로 담대히 말하고 헬라파 유대인들과 함께 말하며 변론하니 그 사람들이 죽이려고 힘쓰거늘

30. 형제들이 알고 가이사랴로 데리고 내려가서 다소로 보내니라.

31. 그리하여 온 유대와 갈릴리와 사마리아 교회가 평안하여 든든히 서 가

속뜻단어 풀이

• **헬라파 유대인** [Grecian Jews] 팔레스타인 본토를 떠나 당시의 통용어였던 헬라어를 사용하던 유대인들이다. 히브리어를 사용하던 유대인들과는 다른 언어를 사용했던 헬라파 유대인들은 구제로 인한 문제를 일으켜서 일곱 집사를 택하게 했고(행 6:1–4), 사울과 변론하다가 그를 죽이려 하기도 했다(행 9:29).

고 주를 경외함과 성령의 위로로 진행
하여 수가 더 많아지니라.
32. 그 때에 베드로가 사방으로 두루
다니다가 룻다에 사는 성도들에게도 내
려갔더니
33. 거기서 애니아라 하는 사람을 만
나매 그는 중풍병으로 침상 위에 누운
지 여덟 해라.
34. 베드로가 이르되 애니아야! 예수
그리스도께서 너를 낫게 하시니 일어나

속뜻단어 풀 이

- **경외 敬畏** | 공경할 경, 두려워할 외 [awe; dread] 공경(恭敬)하고 두려워함[畏].
- **중풍 中風** | 맞을 중, 바람 풍 [paralysis] ① 속뜻 바람[風]을 맞음[中]. ② 한의 몸의 전부, 혹은 일부가 마비되는 병. ¶ 중풍에 걸려 오른쪽 반신을 못 쓰다. ⓑ 뇌졸중.

네 자리를 정돈하라 한대 곧 일어나니
35. 룻다와 사론에 사는 사람들이 다
그를 보고 주께로 돌아오니라.
36. 욥바에 다비다라 하는 여제자가
있으니 그 이름을 번역하면 도르가라
선행과 구제하는 일이 심히 많더니
37. 그 때에 병들어 죽으매 시체를
씻어 다락에 누이니라.
38. 룻다가 욥바에서 가까운지라 제자
들이 베드로가 거기 있음을 듣고 두

속뜻단어 풀이

- **번역 翻譯** | 옮길 번, 옮길 역 [translate] 어떤 언어로 된 글의 내용을 다른 나라말로 옮김[翻=譯].
- **구제 救濟** | 건질 구, 건널 제 [help; aid] ① 강물에 빠진 사람을 구하여[救] 건네[濟] 줌. ② 어려운 처지에 있는 사람을 도와줌. ¶ 빈민 구제 속담 가난 구제는 나라도 못한다.

사람을 보내어 지체 말고 와 달라고
간청하여
39. 베드로가 일어나 그들과 함께 가
서 이르매 그들이 데리고 다락방에 올
라가니 모든 과부가 베드로 곁에 서서
울며 도르가가 그들과 함께 있을 때에
지은 속옷과 겉옷을 다 내보이거늘
40. 베드로가 사람을 다 내보내고 무
릎을 꿇고 기도하고 돌이켜 시체를 향
하여 이르되 다비다야! 일어나라 하니

속뜻단어 풀이

- **지체 遲滯** | 늦을 지, 막힐 체 [delay] 늦어지거나[遲] 막힘[滯]. ¶ 더 이상 시간을 지체할 수 없다.
- **간:청 懇請** | 정성 간, 부탁할 청 [entreat] 간절(懇切)히 부탁함[請]. 또는 그러한 청원. ¶ 임금은 아이의 간청을 들어주었다. (비) 청탁(請託), 부탁(付託).
- **시:체 屍體** | 주검 시, 몸 체 [dead body] 죽은 생물 또는 죽은 사람[屍]의 몸[體]. ¶ 시체를 영안실에 안치하다. (비) 송장, 시신(屍身), 주검.

그가 눈을 떠 베드로를 보고 일어나
앉는지라.
41. 베드로가 손을 내밀어 일으키고
성도들과 과부들을 불러 들여 그가 살
아난 것을 보이니
42. 온 욥바 사람이 알고 많은 사람
이 주를 믿더라.
43. 베드로가 욥바에 여러 날 있어
시몬이라 하는 무두장이의 집에서 머무
니라.

속뜻단어 풀이

- **과:부 寡婦** | 적을 과, 여자 부 [widow] 남편이 죽어 혼자 사는[寡] 여자[婦]. ㊥ 미망인(未亡人). ㊥ 홀아비. 속담 과부는 은이 서 말이고 홀아비는 이가 서 말이다.
- **무두장이** [tanner] 짐승의 날가죽에서 털과 기름을 뽑아 가죽을 부드럽게 만드는 일을 직업으로 하는 사람.

1. 교회를 박해하던 사울은 환상 가운데서 예수님을 만나게 됩니다(1-19절). 주님께서 -장차 바울 사도가 될- 사울을 택하여 믿음의 선물(구원)을 주신 이유는 무엇이었나요? (15-17절)

2. 한편, 사도 베드로는 병들어 죽은 다비다라는 여인을 다시 살리는 기적을 일으킵니다(36-40절). 이 여인은 이미 예수님을 믿고 구원받은 제자이므로(1절) 죽어서도 천국에 갈 것인데, 하나님께서는 왜 베드로를 통해 다시 살려주셨다고 생각하나요?

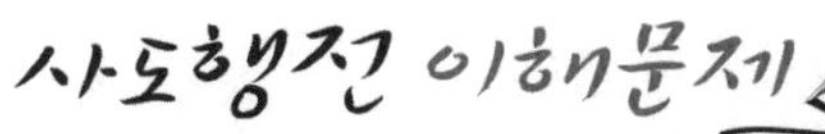

제 10 장

1. 가이사랴에 고넬료라 하는 사람이
있으니 이달리아 부대라 하는 군대의
백부장이라.

2. 그가 경건하여 온 집안과 더불어
하나님을 경외하며 백성을 많이 구제하
고 하나님께 항상 기도하더니

3. 하루는 제 구 시쯤 되어 환상 중
에 밝히 보매 하나님의 사자가 들어와
이르되 고넬료야 하니

속뜻단어 풀이

- **백부장** [Centurion] 100명의 군인들을 거느리고 있는 로마의 지휘관을 말한다. 로마 군대는 군단들로 조직되었는데, 각 군단은 6,000명 정원의 남자들로 구성되어 있었고 또한 각 군단은 100명의 군인을 지휘하는 60명의 백부장들과 더불어 6개의 보병대를 가지고 있었다.
- **구제 救濟** | 구원할 구, 건널 제 [help; aid] 자연적인 재해나 사회적인 피해를 당하여 어려운 처지에 있는 사람을 구(救)하여 어려움을 벗어나게 함[濟].

4. 고넬료가 주목하여 보고 두려워 이
르되 주여 무슨 일이니이까? 천사가
이르되 네 기도와 구제가 하나님 앞에
상달되어 기억하신 바가 되었으니
5. 네가 지금 사람들을 욥바에 보내어
베드로라 하는 시몬을 청하라.
6. 그는 무두장이 시몬의 집에 유숙하
니 그 집은 해변에 있다 하더라.
7. 마침 말하던 천사가 떠나매 고넬료
가 집안 하인 둘과 부하 가운데 경건

속뜻단어 풀이

- **상:달 上達** | 위 상, 보낼 달 [report (to a superior)] 아랫사람의 의견 따위가 윗[上]사람에게 전해짐[達]. 또는 알림. ㉯ 하달(下達).
- **부하 部下** | 거느릴 부, 아래 하 [subordinate; follower] 자기 수하(手下)에 거느리고[部] 있는 직원. ㉯ 상관(上官), 상사(上司).

한 사람 하나를 불러

8. 이 일을 다 이르고 욥바로 보내니라.

9. 이튿날 그들이 길을 가다가 그 성에 가까이 갔을 그 때에 베드로가 기도하려고 지붕에 올라가니 그 시각은 제 육 시더라.

10. 그가 시장하여 먹고자 하매 사람들이 준비할 때에 황홀한 중에

11. 하늘이 열리며 한 그릇이 내려오

속뜻단어 풀이

- **시장** [hungry] 배가 고픔. ¶ 한참을 걸었더니 무척 시장하다. 속담 시장이 반찬.
- **황홀 恍惚** | =慌惚, 흐릿할 황, 흐릿할 홀 [in ecstasies; enraptured] ① 정신이 흐릿함[恍=惚]. ② 무엇이 너무 좋아서 정신이 멍함. ¶ 제주도의 경치는 보는 사람을 황홀하게 만든다. ③ 흐릿하여 분명하지 아니함.

는 것을 보니 큰 보자기 같고 네 귀를 매어 땅에 드리웠더라.

12. 그 안에는 땅에 있는 각종 네 발 가진 짐승과 기는 것과 공중에 나는 것들이 있더라.

13. 또 소리가 있으되 베드로야! 일어나 잡아 먹어라 하거늘

14. 베드로가 이르되 주여! 그럴 수 없나이다. 속되고 깨끗하지 아니한 것을 내가 결코 먹지 아니하였나이다 한

속뜻단어 풀 이

- **각종 各種** | 여러 각, 갈래 종 [all kinds; various kinds] 여러[各] 가지 종류(種類). ¶ 각종 직업을 체험하다. ㊐ 각색(各色), 각양각색(各樣各色).
- **짐승** [beast; animal] ① 사람이 아닌 동물을 이르는 말. ② 포유류를 통틀어 이르는 말. 몸에 털이 나고 네 발을 가졌다.
- **속-되다 俗--** | 속될 속 [vulgar; common] ① 고상하지 못하고 천하다[俗]. ¶ 속된 말씨 / 속된 표현. ② 평범하고 세속적이다. ¶ 속된 인간.

대

15. 또 두 번째 소리가 있으되 하나님께서 깨끗하게 하신 것을 네가 속되다 하지 말라 하더라.

16. 이런 일이 세 번 있은 후 그 그릇이 곧 하늘로 올려져 가니라.

17. 베드로가 본 바 환상이 무슨 뜻인지 속으로 의아해 하더니 마침 고넬료가 보낸 사람들이 시몬의 집을 찾아 문 밖에 서서

속뜻단어 풀이

- **환:상 幻像** | 헛보일 환, 모양 상 [phantom; illusion; vision] ① 속뜻 헛보이는[幻] 형상(形像). ② 현실로는 존재하지 않는 것이 존재하는 것처럼 보이는 형상. 환영(幻影). ¶ 머리에 자꾸만 그녀의 환상이 떠올랐다.
- **의아 疑訝** | 의심할 의, 의심할 아 [dubious; suspicious; doubtful] 의심스럽고[疑=訝] 괴이함. ¶ 의아한 점이 한두 가지가 아니다 / 의아스러운 표정.

18. 불러 묻되 베드로라 하는 시몬이 여기 유숙하느냐 하거늘

19. 베드로가 그 환상에 대하여 생각할 때에 성령께서 그에게 말씀하시되 두 사람이 너를 찾으니

20. 일어나 내려가 의심하지 말고 함께 가라 내가 그들을 보내었느니라 하시니

21. 베드로가 내려가 그 사람들을 보고 이르되 내가 곧 너희가 찾는 사람

속뜻단어 풀이

• **유숙 留宿** | 머무를 류, 잠잘 숙 [stay] 남의 집에서 머무르며[留] 지냄[宿].
• **의심 疑心** | 의아할 의, 마음 심 [doubt; question; distrust] 확실히 알 수 없어서 의아해하는[疑] 마음[心]. ¶ 누나는 정말 의심이 많다 / 그의 말이 사실인지 의심쩍다 / 그 소문이 사실인지 아닌지 의심스럽다.

인데 너희가 무슨 일로 왔느냐?
22. 그들이 대답하되 백부장 고넬료는
의인이요 하나님을 경외하는 사람이라
유대 온 족속이 칭찬하더니 그가 거룩
한 천사의 지시를 받아 당신을 그 집
으로 청하여 말을 들으려 하느니라 한
대
23. 베드로가 불러 들여 유숙하게 하
니라. 이튿날 일어나 그들과 함께 갈새
욥바에서 온 어떤 형제들도 함께 가니

속뜻단어 풀이

- **의:인 義人** | 옳을 의, 사람 인 [righteous man] 옳은[義] 일을 위하여 나서는 사람[人]. ¶ 그는 아이를 구하려다 팔을 잃은 의인이다.
- **족속 族屬** | 겨레 족, 무리 속 [kinsman; party] ① 속뜻 같은 겨레[族]에 속하는 무리[屬]. ② 같은 패거리에 속하는 사람들을 낮잡아 이르는 말. ¶ 그들은 인정이라고는 눈곱만큼도 없는 족속들이다. ㊐ 족당(族黨).

라.

24. 이튿날 가이사랴에 들어가니 고넬료가 그의 친척과 가까운 친구들을 모아 기다리더니

25. 마침 베드로가 들어올 때에 고넬료가 맞아 발 앞에 엎드리어 절하니

26. 베드로가 일으켜 이르되 일어서라 나도 사람이라 하고

27. 더불어 말하며 들어가 여러 사람이 모인 것을 보고

속뜻단어 풀이

- **이튿–날** [next day] 어떤 일이 있은 그 다음날. ¶ 이튿날 아침, 하늘이 맑게 개었다.
- **친척 親戚** | 친할 친, 겨레 척 [relative] ① 속뜻 친족(親族)과 외척(外戚). ② 혈통이 아버지와 어머니와 배우자에 가까운 사람. ¶ 그는 내 먼 친척이다.

28. 이르되 유대인으로서 이방인과 교제하며 가까이 하는 것이 위법인 줄은 너희도 알거니와 하나님께서 내게 지시하사 아무도 속되다 하거나 깨끗하지 않다 하지 말라 하시기로

29. 부름을 사양하지 아니하고 왔노라 묻노니 무슨 일로 나를 불렀느냐?

30. 고넬료가 이르되 내가 나흘 전 이맘때까지 내 집에서 제 구 시 기도를 하는데 갑자기 한 사람이 빛난 옷

속뜻단어 풀이

- **사양 辭讓** | 물러날 사, 넘겨줄 양 [decline; refuse] ① 속뜻 제안이나 따위를 거절하거나[辭] 권리 따위를 남에게 넘겨줌[讓]. ② 겸손하여 받아들이지 않고 남에게 양보함. ¶ 사양하지 말고 많이 드세요.
- **이맘때** [about this time; this time of day] 이만큼 된 때. ¶ 그는 작년 이맘때 이곳에 왔다.

을 입고 내 앞에 서서
31. 말하되 고넬료야 하나님이 네 기
도를 들으시고 네 구제를 기억하셨으니
32. 사람을 욥바에 보내어 베드로라
하는 시몬을 청하라. 그가 바닷가 무
두장이 시몬의 집에 유숙하느니라 하시
기로
33. 내가 곧 당신에게 사람을 보내었
는데 오셨으니 잘하였나이다. 이제 우
리는 주께서 당신에게 명하신 모든 것

속뜻단어 풀이

- **기억 記憶** | 기록할 기, 생각할 억 [remember] 지난 일을 적어두어[記] 잊지 않고 생각해냄[憶]. ¶ 내 기억이 틀림없다. ⓑ 망각(忘却).
- **명하다 命—** | 명할 명 [order; appoint] ① 무엇을 하라고 시키다[命]. ¶ 소대장은 전 소대에 해산을 명하였다. ② 직위에 임명하다. ¶ 부장에 명하다. ⓑ 명령(命令)하다.

을 듣고자 하여 다 하나님 앞에 있나
이다.

34. 베드로가 입을 열어 말하되 내가
참으로 하나님은 사람의 외모를 보지
아니하시고

35. 각 나라 중 하나님을 경외하며
의를 행하는 사람은 다 받으시는 줄
깨달았도다.

36. 만유의 주 되신 예수 그리스도로
말미암아 화평의 복음을 전하사 이스라

속뜻단어 풀이

- **외:모 外貌** | 밖 외, 모양 모 [appearance] 겉[外]으로 드러나 보이는 모양[貌]. ¶ 외모가 번듯한 기와집들 / 사람을 외모로 판단해서는 안 된다. ㊥ 겉모습.
- **만:유 萬有** | 일만 만, 있을 유 [all things in the universe] 우주에 존재하는[有] 모든[萬] 것. ㊥ 만물(萬物), 만상(萬象).
- **화평 和平** | 어울릴 화, 평안할 평 [peaceful; harmonious; placid] 화목(和睦)하고 평안(平安)함.

엘 자손들에게 보내신 말씀
37. 곧 요한이 그 세례를 반포한 후
에 갈릴리에서 시작하여 온 유대에 두
루 전파된 그것을 너희도 알거니와
38. 하나님이 나사렛 예수에게 성령과
능력을 기름 붓듯 하셨으매 그가 두루
다니시며 선한 일을 행하시고 마귀에게
눌린 모든 사람을 고치셨으니 이는 하
나님이 함께 하셨음이라.
39. 우리는 유대인의 땅과 예루살렘에

속뜻단어 풀 이

- **자손 子孫** | 아이 자, 손자 손 [offspring] ① 속뜻 자식[子]과 손자(孫子). ¶ 그의 자손들은 전국에 흩어져 살고 있다. ② 후손이나 후대. ¶ 비록 패망한 왕가의 자손이지만, 자존심은 아직 남아 있소.
- **반포 頒布** | 나눌 반, 펼 포 [distribute] 세상에 널리 나누고[頒] 퍼뜨려[布] 모두 알게 함. ¶ 경국대전의 반포 / 훈민정음을 반포하다.

서 그가 행하신 모든 일에 증인이라.
그를 그들이 나무에 달아 죽였으나
40. 하나님이 사흘 만에 다시 살리사
나타내시되
41. 모든 백성에게 하신 것이 아니요
오직 미리 택하신 증인 곧 죽은 자
가운데서 부활하신 후 그를 모시고 음
식을 먹은 우리에게 하신 것이라.
42. 우리에게 명하사 백성에게 전도하
되 하나님이 살아 있는 자와 죽은 자

속뜻단어 풀이

- **증인 證人** | 증거 증, 사람 인 [witness] 어떤 사실을 증명(證明)하는 사람.
- **백성 百姓** | 여러 백, 성씨 성 [people] ① 속뜻 온갖[百] 성씨(姓氏). ② 일반 국민. ¶ 백성은 나라의 근본이다.

의 재판장으로 정하신 자가 곧 이 사람인 것을 증언하게 하셨고

43. 그에 대하여 모든 선지자도 증언하되 그를 믿는 사람들이 다 그의 이름을 힘입어 죄 사함을 받는다 하였느니라.

44. 베드로가 이 말을 할 때에 성령이 말씀 듣는 모든 사람에게 내려오시니

45. 베드로와 함께 온 할례 받은 신

속뜻단어 풀이

- **재판-장 裁判長** | 분별할 재, 판가름할 판, 어른 장 [judge] 법률 분쟁의 재판(裁判)을 지도, 감독하는 우두머리[長] 법관.
- **증언 證言** | 증거 증, 말씀 언 [testify; attest] 법률 증인(證人)으로서 사실을 말함[言]. 또는 그런 말. ¶ 목격자의 증언을 듣다 / 범인은 붉은 셔츠를 입었다고 증언했다.
- **할례 割禮** | 나눌 할, 예도 례 [Circumcision] ① 남성 성기의 포피 끝을 잘라버리는 의식. ② 할례는 하나님의 명령으로 이스라엘에게 행해진 할례는 하나님과 이스라엘 사이의 언약의 표증이었으며 이스라엘이 하나님께 선택되어 언약을 맺은 백성으로서 하나님께 순종하고 헌신하겠다는 약속의 상징이었다.

자들이 이방인들에게도 성령 부어 주심
으로 말미암아 놀라니
46. 이는 방언을 말하며 하나님 높임
을 들음이러라.
47. 이에 베드로가 이르되 이 사람들
이 우리와 같이 성령을 받았으니 누가
능히 물로 세례 베풂을 금하리요 하고
48. 명하여 예수 그리스도의 이름으로
세례를 베풀라 하니라. 그들이 베드로에
게 며칠 더 머물기를 청하니라.

속뜻단어 풀 이

- **이:방-인 異邦人** | 다를 이, 나라 방, 사람 인 [stranger] ① 속뜻 다른[異] 나라[邦] 사람[人]. ② 기독교 유대 사람들이 선민(選民) 의식에서 그들 이외의 다른 민족을 얕잡아 이르던 말. ㊥ 이국인(異國人).
- **방언 方言** | 모 방, 말씀 언 [dialect word] ① 언어 표준어와 달리 어떤 지역이나 지방(地方)에서만 쓰이는 특유한 언어(言語). ¶ 함경도 방언은 알아듣기 어렵다. ② 기독교 성령을 받은 신자가 늘어놓는 뜻을 알 수 없는 말. ㊥ 사투리. ㊦ 표준어(標準語).

1. 베드로가 경험한 이 환상은 어떤 메시지를 담고 있었나요? 왜 하나님은 이런 환상을 베드로에게 보여주셨을까요? 그 당시 유대인들은 고넬료 같은 이방 사람들(비유대인)을 가까이 하지 않는 풍습이 있었다고 합니다. (19-20절)

2. 이미 경건하여 항상 기도하던 고넬료에게 하나님께서 특별한 환상(30-32절)을 보여주신 이유는 무엇이었나요? (33-48절)

제 11 장

1. 유대에 있는 사도들과 형제들이 이방인들도 하나님의 말씀을 받았다 함을 들었더니

2. 베드로가 예루살렘에 올라갔을 때에 할례자들이 비난하여

3. 이르되 네가 무할례자의 집에 들어가 함께 먹었다 하니

4. 베드로가 그들에게 이 일을 차례로 설명하여

속뜻단어 풀이

- **비난 非難** | 아닐 비, 꾸짖을 난 [criticize; reproach; blame] ① 잘한 것이 아니라고[非] 꾸짖음[難]. ② 남의 잘못이나 결점을 책잡아서 나쁘게 말함. ¶ 거짓말을 일삼는 그의 행동은 비난받아 마땅하다. ㉥ 힐난(詰難). ㉤ 칭찬(稱讚).
- **설명 說明** | 말씀 설, 밝을 명 [explain] 해설(解說)하여 분명(分明)하게 함. ¶ 더 이상의 자세한 설명은 필요 없다.

5. 이르되 내가 욥바 시에서 기도할 때에 황홀한 중에 환상을 보니 큰 보자기 같은 그릇이 네 귀에 매어 하늘로부터 내리어 내 앞에까지 드리워지거늘

6. 이것을 주목하여 보니 땅에 네 발 가진 것과 들짐승과 기는 것과 공중에 나는 것들이 보이더라.

7. 또 들으니 소리 있어 내게 이르되 베드로야 일어나 잡아 먹으라 하거늘

속뜻단어 풀이

- **드리워지다** [flow, impend] ① 한쪽이 위에 고정된 천이나 줄 따위가 아래로 늘어지다. ② 「…에/에게」빛, 어둠, 그늘, 그림자 따위가 깃들거나 뒤덮다.
- **공중 空中** | 하늘 공, 가운데 중 [air, sky] 하늘[空]의 한가운데[中]. 하늘과 땅 사이의 빈 곳. ¶ 새가 공중으로 날아올랐다. ㊉ 허공(虛空). ㊥ 육상(陸上), 해상(海上).

8. 내가 이르되 주님 그럴 수 없나이다. 속되거나 깨끗하지 아니한 것은 결코 내 입에 들어간 일이 없나이다 하니

9. 또 하늘로부터 두 번째 소리 있어 내게 이르되 하나님이 깨끗하게 하신 것을 네가 속되다고 하지 말라 하더라

10. 이런 일이 세 번 있은 후에 모든 것이 다시 하늘로 끌려 올라가더라

11. 마침 세 사람이 내가 유숙한 집

속뜻단어 풀 이

- **속–되다 俗–** | 속될 속 [vulgar; common] ① 고상하지 못하고 천하다[俗]. ¶ 속된 말씨 / 속된 표현. ② 평범하고 세속적이다. ¶ 속된 인간.
- **유숙 留宿** | 머무를 류, 잠잘 숙 [stay] 남의 집에서 머무르며[留] 지냄[宿].

앞에 서 있으니 가이사라에서 내게로 보낸 사람이라.
12. 성령이 내게 명하사 아무 의심 말고 함께 가라 하시매 이 여섯 형제도 나와 함께 가서 그 사람의 집에 들어가니
13. 그가 우리에게 말하기를 천사가 내 집에 서서 말하되 네가 사람을 욥바에 보내어 베드로라 하는 시몬을 청하라.

속뜻단어 풀이

- **의심 疑心** | 의아할 의, 마음 심 [doubt; question; distrust] 확실히 알 수 없어서 의아해하는[疑] 마음[心]. ¶ 누나는 정말 의심이 많다 / 그의 말이 사실인지 의심쩍다 / 그 소문이 사실인지 아닌지 의심스럽다.
- **천사 天使** | 하늘 천, 부릴 사 [angel] ① 속뜻 '천자(天子)의 사신(使臣)'을 제후국에서 일컫던 말. ② 기독교 하나님의 사자로서 하나님과 인간의 중개 역할을 하는 존재를 이르는 말. ¶ 서양의 천사는 주로 날개를 달고 있다 / 그녀는 천사와 같은 마음씨를 가졌다. ⓑ 악마(惡魔).

14. 그가 너와 네 온 집이 구원 받을 말씀을 네게 이르리라 함을 보았다 하거늘

15. 내가 말을 시작할 때에 성령이 그들에게 임하시기를 처음 우리에게 하신 것과 같이 하는지라.

16. 내가 주의 말씀에 요한은 물로 세례를 베풀었으나 너희는 성령으로 세례를 받으리라 하신 것이 생각났노라.

17. 그런즉 하나님이 우리가 주 예수

속뜻단어 풀이

- **성:령 聖靈** | 성스러울 성, 신령 령 [Holy Spirit] ① 속뜻 성(聖)스러운 신령(神靈). ② 기독교 성삼위 중의 하나인 하나님의 영을 이르는 말. ¶ 성령의 힘을 받았다.
- **임-하다 臨** | 임할 임 [face] ① 속뜻 어떤 사태나 일에 직면하다[臨]. ¶ 자신감을 갖고 경기에 임해라. ② 어떤 장소에 도달하다. ¶ 현장에 임하다.

그리스도를 믿을 때에 주신 것과 같은
선물을 그들에게도 주셨으니 내가 누구
이기에 하나님을 능히 막겠느냐 하더라
18. 그들이 이 말을 듣고 잠잠하여
하나님께 영광을 돌려 이르되 그러면
하나님께서 이방인에게도 생명 얻는 회
개를 주셨도다 하니라.
19. 그 때에 스데반의 일로 일어난
환난으로 말미암아 흩어진 자들이 베니
게와 구브로와 안디옥까지 이르러 유대

속뜻단어 풀이

- **잠잠 潛潛** | 잠길 잠, 잠길 잠 [be quiet] ① 속뜻 고요히 잠기다[潛+潛]. ② 아무 소리도 없이 조용하다. ¶ 비바람이 그치자 파도가 잠잠해졌다. ③ 말이 없이 가만히 있다. ¶ 한동안 잠잠하더니.
- **영광 榮光** | 영화 영, 빛 광 [glory] 빛[光]나고 아름다운 영예(榮譽).
- **환:난 患難** | 근심 환, 어려울 난 [hardships; distress; misfortune] 근심[患]과 재난(災難). ¶ 환난을 겪다 / 환난을 극복하다.

인에게만 말씀을 전하는데
20. 그 중에 구브로와 구레네 몇 사
람이 안디옥에 이르러 헬라인에게도 말
하여 주 예수를 전파하니
21. 주의 손이 그들과 함께 하시매
수많은 사람들이 믿고 주께 돌아오더라
22. 예루살렘 교회가 이 사람들의 소
문을 듣고 바나바를 안디옥까지 보내니
23. 그가 이르러 하나님의 은혜를 보
고 기뻐하여 모든 사람에게 굳건한 마

속뜻단어 풀 이

- **전파 傳播** | 전할 전, 뿌릴 파 [spread; propagate] ① 속뜻 전(傳)하여 널리 퍼뜨림[播]. ¶ 또 복음이 먼저 만국에 전파되어야 할 것이니라. ② 물리 파동이 매질 속을 퍼져 가는 일.
- **은혜 恩惠** | 인정 은, 사랑 혜 [favor; benefit] 남으로부터 받는 인정[恩]과 고마운 사랑[惠]. ¶ 스승의 은혜 / 은혜롭게도 우리는 사계절을 고루 누리고 있다.
- **굳건/굳건-하다** [strong and steady; solid] 뜻이 굳세고 하는 일이 건실하다. ¶ 굳건한 의지. ㊥ 강건(剛健)하다.

음으로 주와 함께 머물러 있으라 권하니

24. 바나바는 착한 사람이요 성령과 믿음이 충만한 사람이라 이에 큰 무리가 주께 더하여지더라.

25. 바나바가 사울을 찾으러 다소에 가서

26. 만나매 안디옥에 데리고 와서 둘이 교회에 일 년간 모여 있어 큰 무리를 가르쳤고 제자들이 안디옥에서 비

속뜻단어 풀이

- **충만 充滿** | 채울 충, 넘칠 만 [full] 넘치도록[滿] 가득 채움[充]. ¶ 마음에 기쁨이 충만하다 / 그 안내서는 유익한 기사로 충만하다.
- **무리 (類, 무리 류; 黨, 무리 당; 衆, 무리 중; 群, 무리 군; 徒, 무리 도; 輩, 무리 배)** [group; crowd; flock] 사람이나 짐승 따위가 함께 모여 있는 것. ㉥ 떼.

로소 그리스도인이라 일컬음을 받게 되
었더라.
27. 그 때에 선지자들이 예루살렘에서
안디옥에 이르니
28. 그 중에 아가보라 하는 한 사람
이 일어나 성령으로 말하되 천하에 큰
흉년이 들리라 하더니 글라우디오 때에
그렇게 되니라.
29. 제자들이 각각 그 힘대로 유대에
사는 형제들에게 부조를 보내기로 작정

속뜻단어 풀 이

- **일컫다** [call; name] 이름 지어 부르다.
- **흉년 凶年** | 흉할 흉, 해 년 [bad year; year of bad harvest] ① 속뜻 수확이 흉(凶)한 해[年]. ② 농작물이 예년에 비하여 잘 되지 아니하여 굶주리게 된 해. ¶ 오랜 가뭄으로 흉년이 들다. ③ '어떤 산물이 매우 적게 나거나 사물의 소득이 매우 보잘것없는 상태나 처지'를 비유하여 이르는 말. ㊐ 기세(飢歲), 황년(荒年). ㊥ 풍년(豐年).
- **부조 扶助** | 도울 부, 도울 조 [contribute; help] ① 속뜻 잔칫집이나 상가(喪家) 따위에 돈이나 물건을 보내 도와줌[扶=助]. 또는 그 돈이나 물건. ¶ 친구 결혼식에 부조를 했다. ② 남을 거들어서 도와주는 일. ¶ 상호 부조.

하고

30. 이를 실행하여 바나바와 사울의
손으로 장로들에게 보내니라.

속뜻단어 풀이

- **실행 實行** | 실제 실, 행할 행 [practice] 실제(實際)로 행(行)함. ¶ 계획을 실행에 옮기다. (비) 실천(實踐).
- **장:로 長老** | 어른 장, 늙을 로 [presbyter] ① 속뜻 나이가 지긋하고[長=老] 덕이 높은 사람을 높여 일컫는 말. ② 기독교 장로교 · 성결교 등에서 선교 및 교회 운영에 대한 봉사를 맡아보는 직분. 또는 그 사람. ③ 불교 지혜와 덕이 높고 법랍이 많은 승려를 높여 일컫는 말.

1. 베드로가 고넬료와 같은 이방인의 집에 가서 머물렀다는 사실이 큰 문제가 된 것 같습니다(1-3절). 그러나, 이때 문제를 제기한 믿는 유대인들이 베드로의 행위를 이해하고 받아들이게 된 이유는 무엇이었을까요? (4-18절)

2. 예루살렘 교회에서 안디옥 교회로 파송된 지도자인 바나바가 한 일은 무엇이었나요? (24-26절)

제 12 장

1. 그 때에 헤롯 왕이 손을 들어 교회 중에서 몇 사람을 해하려 하여
2. 요한의 형제 야고보를 칼로 죽이니
3. 유대인들이 이 일을 기뻐하는 것을 보고 베드로도 잡으려 할새 때는 무교절 기간이라.
4. 잡으매 옥에 가두어 군인 넷씩인 네 패에게 맡겨 지키고 유월절 후에 백성 앞에 끌어 내고자 하더라.

속뜻단어 풀이

- **무교절 無酵節** | 없을 무, 삭힐 교, 마디 절 [the Feast of Unleavened Bread] 유월절 다음 날인, 유대의 달력으로 1월 15일부터 20일까지 한 주일 동안. 애굽 탈출을 감사・기념하던 농업제의 절기로, 누룩을 넣지 않은 무교병을 먹음.
- **패 牌** | 패 패 [group; team] ① 같이 어울려 다니는 사람의 무리. ¶ 패를 지어 몰려다니다/ 그들은 두 패로 나누어 길을 떠났다. ② 특징・이름・성분 등을 알릴 목적으로 그림이나 글씨를 그리거나 쓰거나 새긴 자그마한 종이나 나뭇조각. ¶ 대문에는 개를 조심하라는 패가 붙어있다.
- **유월절 逾越節** | 넘을 유, 넘을 월, 마디 절 [Passover] 유대교의 3대 절(節)의 하나. 봄의 축제(祝祭)로 이스라엘 민족(民族)이 애급(埃及)에서 탈출(脫出)함을 기념(紀念、記念)하는 명절(名節). 유월이란 여호와가 애굽 사람의 맏아들을 모두 죽일 때 이스라엘 사람들의 집에는 어린 양(羊)의 피를 문기둥에 발라서 표를 하여 놓은 까닭에 그대로 지나가 그 재난(災難)을 면한 데서 온 말.

5. 이에 베드로는 옥에 갇혔고 교회는
그를 위하여 간절히 하나님께 기도하더
라.
6. 헤롯이 잡아 내려고 하는 그 전날
밤에 베드로가 두 군인 틈에서 두 쇠
사슬에 매여 누워 자는데 파수꾼들이
문 밖에서 옥을 지키더니
7. 홀연히 주의 사자가 나타나매 옥중
에 광채가 빛나며 또 베드로의 옆구리
를 쳐 깨워 이르되 급히 일어나라 하

속뜻단어 풀 이

- **파숫군 把守―** | 잡을 파, 지킬 수 [keeper; guard] 파수(把守)를 보는 사람. ¶ 환경 보호의 파수꾼 / 장군은 파수꾼을 곳곳에 세웠다.
- **광채 光彩** | 빛 광, 빛깔 채 [luminous body] ① 속뜻 찬란하게 빛[光]나는 빛깔[彩]. ② 정기 있는 밝은 빛. ¶ 광채가 나다. ③ 섬뜩할 정도로 날카로운 빛. ¶ 광채가 번득이다.

니 쇠사슬이 그 손에서 벗어지더라.
8. 천사가 이르되 띠를 띠고 신을 신
으라 하거늘 베드로가 그대로 하니 천
사가 또 이르되 겉옷을 입고 따라오라
한대
9. 베드로가 나와서 따라갈새 천사가
하는 것이 생시인 줄 알지 못하고 환
상을 보는가 하니라.
10. 이에 첫째와 둘째 파수를 지나
시내로 통한 쇠문에 이르니 문이 저절

속뜻단어 풀이

- **생시 生時** | 날 생, 때 시 [time of one's birth; one's waking hours] ① 태어난[生] 시간(時間). ② 자지 않고 깨어 있을 때. ¶ 이게 꿈이냐, 생시냐! ③ 살아 있는 동안. ¶ 부모님이 돌아가신 뒤에 후회 말고 생시에 잘 해 드려야 한다.
- **파수 把守** | 잡을 파, 지킬 수 [watch; guard] ① 속뜻 손에 무기를 쥐고[把] 성 따위를 지킴[守]. ② 경계하여 지킴. 또는 그러는 사람. ¶ 파수꾼 / 파수를 서다.

로 열리는지라 나와서 한 거리를 지나
매 천사가 곧 떠나더라.
11. 이에 베드로가 정신이 들어 이르
되 내가 이제야 참으로 주께서 그의
천사를 보내어 나를 헤롯의 손과 유대
백성의 모든 기대에서 벗어나게 하신
줄 알겠노라 하여
12. 깨닫고 마가라 하는 요한의 어머
니 마리아의 집에 가니 여러 사람이
거기에 모여 기도하고 있더라.

속뜻단어 풀이

- **정신 精神** | 쓿을 정, 혼 신 [mind; spirit; consciousness] ① 속뜻 쓿은 쌀[精]처럼 순백한 혼[神]이나 마음. ② 사물을 느끼고 생각하며 판단하는 능력. 또는 그런 작용. ¶ 정신을 집중하다. ③ 마음의 자세나 태도. ¶ 근면 정신. ④ 사물의 근본적인 의의나 목적 또는 이념이나 사상. ¶ 화랑도 정신. ⑤ 우주의 근원을 이루는 비물질적 실재. ¶ 정신을 차리다.
- **기대 期待** | =企待, 기약할 기, 기다릴 대 [expect; anticipate] 어느 때로 기약(期約)하여 성취되기를 기다림[待], 또는 그런 바람. ¶ 기대에 어긋나다 / 원조를 기대하다.

13. 베드로가 대문을 두드린대 로데라 하는 여자 아이가 영접하러 나왔다가

14. 베드로의 음성인 줄 알고 기뻐하여 문을 미처 열지 못하고 달려 들어가 말하되 베드로가 대문 밖에 섰더라 하니

15. 그들이 말하되 네가 미쳤다 하나 여자 아이는 힘써 말하되 참말이라 하니 그들이 말하되 그러면 그의 천사라 하더라.

속뜻단어 풀이

- **영접 迎接** | 맞이할 영, 사귈 접 [receive; greet] 손님을 맞아서[迎] 대접(待接)하는 일.
- **음성 音聲** | 소리 음, 소리 성 [voice; tone] ① 속뜻 사람이 내는 소리[音]와 악기가 내는 소리[聲]. ② 언어 발음기관에서 생기는 음향. ¶ 음성변조 / 음성 메시지. ⓑ 목소리.
- **참말** [true remark; real fact; really] ① 사실과 조금도 틀림없는 말. ¶ 그 소문은 참말인가. ② 참말로. 정말로. ¶ 그는 참말 재미있는 사람이다. ⓑ 정말, 진짜. ⓑ 거짓말.

16. 베드로가 문 두드리기를 그치지 아니하니 그들이 문을 열어 베드로를 보고 놀라는지라.

17. 베드로가 그들에게 손짓하여 조용하게 하고 주께서 자기를 이끌어 옥에서 나오게 하던 일을 말하고 또 야고보와 형제들에게 이 말을 전하라 하고 떠나 다른 곳으로 가니라.

18. 날이 새매 군인들은 베드로가 어떻게 되었는지 알지 못하여 적지 않게

속뜻단어 풀이

- **손짓** [gesture (of one's hand); signs] 손을 놀려서 어떤 뜻을 나타내는 일. ¶ 그는 손짓으로 종업원 불렀다 / 그는 우리에게 빨리 오라고 손짓했다.
- **조용-하다** [quiet; silent; graceful] ① 아무 소리도 나지 않고 고요하다. ¶ 쥐 죽은 듯이 조용하다. ② 언행이 수선스럽지 않고 썩 얌전하다. ¶ 도서관에서는 조용히 책을 읽어야 한다. ③ 말썽이 없이 평온하다. ¶ 올해도 큰 사고 없이 조용하게 지나갔다. ㉵ 시끄럽다.

소동하니

19. 헤롯이 그를 찾아도 보지 못하매 파수꾼들을 심문하고 죽이라 명하니라. 헤롯이 유대를 떠나 가이사랴로 내려가서 머무니라.

20. 헤롯이 두로와 시돈 사람들을 대단히 노여워하니 그들의 지방이 왕국에서 나는 양식을 먹는 까닭에 한마음으로 그에게 나아와 왕의 침소 맡은 신하 블라스도를 설득하여 화목하기를 청

속뜻단어 풀이

- **심문 審問** | 살필 심, 물을 문 [interrogate; question] ① 자세히 따져서[審] 물음[問]. ¶ 심문을 받다. ② 법률 법원이 당사자나 그 밖에 이해관계가 있는 사람에게 서면이나 구두로 개별적으로 진술할 기회를 주다. ¶ 심문 수사 / 범인을 심문하다.
- **침:소 寢所** | 잠잘 침, 곳 소 [sleeping place; bedchamber] 사람이 자는[寢] 곳[所]
- **설득 說得** | 말씀 설, 얻을 득 [persuade; convince; coax] 잘 설명(說明)하거나 타이르거나 해서 납득(納得)시킴. ¶ 그는 가족의 설득에 넘어가 금연하기로 결심했다 / 나는 그를 설득해서 집으로 돌아가게 했다. ㊥ 설복(說服).

한지라.

21. 헤롯이 날을 택하여 왕복을 입고 단상에 앉아 백성에게 연설하니

22. 백성들이 크게 부르되 이것은 신의 소리요 사람의 소리가 아니라 하거늘

23. 헤롯이 영광을 하나님께로 돌리지 아니하므로 주의 사자가 곧 치니 벌레에게 먹혀 죽으니라.

24. 하나님의 말씀은 흥왕하여 더하더

속뜻단어 풀이

- **단상 壇上** | 단 단, 위 상 [platform] 연단(演壇)이나 교단(敎壇) 등의 위[上]. ¶ 단상에 올라 연설하다. ㉥ 단하(壇下).
- **연설 演說** | 펼칠 연, 말씀 설 [speak; address] 여러 사람 앞에서 자기의 주장 또는 의견을 펼쳐서[演] 말함[說]. ¶ 대통령 연설 / 교장선생님이 개천절에 대하여 연설하신다. ㉥ 강연(講演).
- **흥왕 興旺** | 일어날 흥, 성할 왕 [flourish; prosper] 흥(興)하고 왕성(旺盛)함.

라.

25. 바나바와 사울이 부조하는 일을 마치고 마가라 하는 요한을 데리고 예루살렘에서 돌아오니라.

속뜻단어 풀이

• **부조 扶助** | 도울 부, 도울 조 [contribute; help] ① 속뜻 잔칫집이나 상가(喪家) 따위에 돈이나 물건을 보내 도와줌[扶=助]. 또는 그 돈이나 물건. ¶ 친구 결혼식에 부조를 했다. ② 남을 거들어서 도와주는 일. ¶ 상호 부조.

1. 적대적인 유대인들에 의하여 사도 야고보는 순교하였지만, 베드로는 감옥으로부터 구출 받게 됩니다(1-17절). 당신은 어느 경우에 해당하기를 바랍니까? 그렇다면, 여러분은 누가 더 위대한 신앙의 삶을 산 것이라고 생각합니까? 왜 그렇게 생각하나요?

2. 이 순교사건을 일으킨 주범은 헤롯 왕이었는데(1절), 이후에 그는 갑자기 죽게 됩니다(23절). 그가 죽게 된 이유를 성경은 무엇이라고 증언하고 있습니까?

제 13 장

1. 안디옥 교회에 선지자들과 교사들이 있으니 곧 바나바와 니게르라 하는 시므온과 구레네 사람 루기오와 분봉 왕 헤롯의 젖동생 마나엔과 및 사울이라.

2. 주를 섬겨 금식할 때에 성령이 이르시되 내가 불러 시키는 일을 위하여 바나바와 사울을 따로 세우라 하시니

3. 이에 금식하며 기도하고 두 사람에게 안수하여 보내니라.

속뜻단어 풀이

- **교:사 教師** | 가르칠 교, 스승 사 [teacher] 일정한 자격을 가지고 초등학교 · 중학교 · 고등학교 등에서 학생을 가르치는[教] 스승[師]. ¶ 체육 교사. ② 종교 태고종에서, 교리를 연구하는 승려의 법계(法階) 가운데 하나. 대교사(大教師)와 대덕(大德) 사이이다. ㊥ 교원(教員), 선생(先生).
- **젖동생** [a foster brother(sister)] 자기의 유모(乳母)가 낳은 아들이나 딸.
- **금:식 禁食** | 금할 금, 먹을 식 [fast] 치료나 종교, 또는 그 밖의 이유로 얼마 동안 음식물을 먹지[食] 않는 일[禁]. ¶ 이 환자는 금식해야 합니다.

4. 두 사람이 성령의 보내심을 받아 실루기아에 내려가 거기서 배 타고 구브로에 가서

5. 살라미에 이르러 하나님의 말씀을 유대인의 여러 회당에서 전할새 요한을 수행원으로 두었더라.

6. 온 섬 가운데로 지나서 바보에 이르러 바예수라 하는 유대인 거짓 선지자인 마술사를 만나니

7. 그가 총독 서기오 바울과 함께 있

속뜻단어 풀 이

- **수행원 隨行員** | 따를 수, 갈 행, 사람 원 [helper; minister] 높은 지위에 있는 사람을 따라[隨] 다니며[行] 그를 돕거나 신변을 보호하는 사람[員].
- **총:독 總督** | 거느릴 총, 살필 독 [governor-general; viceroy] 하위 조직을 거느리고[總] 감독(監督)함. 또는 그런 사람.

으니 서기오 바울은 지혜 있는 사람이라 바나바와 사울을 불러 하나님의 말씀을 듣고자 하더라.
8. 이 마술사 엘루마는 (이 이름을 번역하면 마술사라) 그들을 대적하여 총독으로 믿지 못하게 힘쓰니
9. 바울이라고 하는 사울이 성령이 충만하여 그를 주목하고
10. 이르되 모든 거짓과 악행이 가득한 자요 마귀의 자식이요 모든 의의

속뜻단어 풀이

- **대적 對敵** | 대할 대, 원수 적 [match] 적(敵)을 마주 대(敵)함. 적과 맞섬. 서로 맞서 겨룸
- **악행 惡行** | 악할 악, 행할 행 [evil deed; wicked act] 악독(惡毒)한 행위(行爲). ¶ 입에 담을 수 없는 악행을 저지르다.

원수여 주의 바른 길을 굽게 하기를
그치지 아니하겠느냐?
11. 보라 이제 주의 손이 네 위에
있으니 네가 맹인이 되어 얼마 동안
해를 보지 못하리라 하니 즉시 안개와
어둠이 그를 덮어 인도할 사람을 두루
구하는지라.
12. 이에 총독이 그렇게 된 것을 보
고 믿으며 주의 가르치심을 놀랍게 여
기니라.

속뜻단어 풀이
• **맹인 盲人** | 눈멀 맹, 사람 인 [blind] 눈이 먼[盲] 사람[人]. ¶ 맹인을 위한 점자책을 만들다. ⓑ 봉사, 소경, 장님, 맹자(盲者).
• **인도 引導** | 끌 인, 이끌 도 [guidance] ① 속뜻 이끌어[引=導] 줌. ② 가르쳐 일깨움. ¶ 그는 비행청소년을 바른 길로 인도했다. ③ 길을 안내함.

13. 바울과 및 동행하는 사람들이 바보에서 배 타고 밤빌리아에 있는 버가에 이르니 요한은 그들에게서 떠나 예루살렘으로 돌아가고

14. 그들은 버가에서 더 나아가 비시디아 안디옥에 이르러 안식일에 회당에 들어가 앉으니라.

15. 율법과 선지자의 글을 읽은 후에 회당장들이 사람을 보내어 물어 이르되 형제들아! 만일 백성을 권할 말이 있

속뜻단어 풀이

- **동행 同行** | 같을 동, 갈 행 [going together] 같이[同] 길을 감[行].
- **안식일 安息日** | 편안할 안, 쉴 식, 날 일 [the Sabbath] 기독교 일을 쉬고[安息] 예배 의식을 행하는 날[日]. 곧 일요일을 이른다. 예수가 일요일 아침에 부활했다는 데서 유래한다.
- **회:당 會堂** | 모일 회, 집 당 [hall; meeting hall] ① 속뜻 여러 사람이 모일[會] 수 있도록 마련된 집[堂]. 회관(會館). ② 기독교 예배당(禮拜堂).

년 월 일

거든 말하라 하니
16. 바울이 일어나 손짓하며 말하되
이스라엘 사람들과 및 하나님을 경외하
는 사람들아! 들으라!
17. 이 이스라엘 백성의 하나님이 우
리 조상들을 택하시고 애굽 땅에서 나
그네 된 그 백성을 높여 큰 권능으로
인도하여 내사
18. 광야에서 약 사십 년간 그들의
소행을 참으시고

속뜻단어 풀이

- **경외 敬畏** | 공경할 경, 두려워할 외 [awe; dread] 공경(恭敬)하고 두려워함[畏].
- **권능 權能** | 권세 권, 능할 능 [power; authority] ① 속뜻 권세(權勢)와 능력(能力)을 아울러 이르는 말. ¶ 황제의 위엄과 권능을 보여주었다. ② 법률 권리를 주장하고 행사할 수 있는 능력.
- **소행 所行** | 것 소, 행할 행 [person's doing] 행한[行] 어떤 것[所]. 행한 일.

19. 가나안 땅 일곱 족속을 멸하사 그 땅을 기업으로 주시기까지 약 사백오십 년간이라.

20. 그 후에 선지자 사무엘 때까지 사사를 주셨더니

21. 그 후에 그들이 왕을 구하거늘 하나님이 베냐민 지파 사람 기스의 아들 사울을 사십 년간 주셨다가

22. 폐하시고 다윗을 왕으로 세우시고 증언하여 이르시되 내가 이새의 아들

속뜻단어 풀이

- **사사 士師** | 선비 사, 스승 사 [judge] 구약시대의 선지직, 제사장직, 왕직을 겸한 사람으로 이스라엘 백성이 애굽에서 나와 가나안을 정복한 후부터 왕국을 건설할 때까지 백성들을 다스린 지도자 열두명을 말한다.
- **지파 支派** | 가를 지, 갈래 파 [lateral branch; scion of a family] ① 속뜻 종파(宗派)에서 갈라져[支] 나간 파(派). 맏이가 아닌 자손에서 갈라져 나간 파를 일컫는다. ② 기독교 이스라엘의 12지파를 이르는 말. ⓑ 세파(世派).
- **폐:-하다 廢—** | 없앨 폐 [abolish; do away with; repeal] 있던 제도 · 법규 · 기관 등을 치워 없애다[廢]. ¶ 계약을 폐하다.

다윗을 만나니 내 마음에 맞는 사람이
라 내 뜻을 다 이루리라 하시더니
23. 하나님이 약속하신 대로 이 사람
의 후손에서 이스라엘을 위하여 구주를
세우셨으니 곧 예수라.
24. 그가 오시기에 앞서 요한이 먼저
회개의 세례를 이스라엘 모든 백성에게
전파하니라.
25. 요한이 그 달려갈 길을 마칠 때
에 말하되 너희가 나를 누구로 생각하

속뜻단어 풀이

- **후:손 後孫** | 뒤 후, 손자 손 [descendants; posterity] 여러 대가 지난 뒤[後]의 자손(子孫). ¶ 그는 명문가의 후손이다. 비 자손, 후예(後裔).
- **구:주 救主** | 구원할 구, 주인 주 [Savior; Redeemer; Messiah] 기독교 '구세주'(救世主)의 준말. ¶ 구주 예수를 믿으면 영생을 얻습니다.
- **회:개 悔改** | 뉘우칠 회, 고칠 개 [repent; penitent] 이전의 잘못을 뉘우치고[悔] 고침[改]. ¶ 회개의 눈물을 흘리다. 비 참회(懺悔), 개회(改悔).

느냐? 나는 그리스도가 아니라. 내
뒤에 오시는 이가 있으니 나는 그 발
의 신발끈을 풀기도 감당하지 못하리라
하였으니
26. 형제들아! 아브라함의 후손과 너
희 중 하나님을 경외하는 사람들아!
이 구원의 말씀을 우리에게 보내셨거늘
27. 예루살렘에 사는 자들과 그들 관
리들이 예수와 및 안식일마다 외우는
바 선지자들의 말을 알지 못하므로 예

속뜻단어 풀이

- **감당 堪當** | 견딜 감, 당할 당 [charge] 능히 맡아서[堪] 당해 냄[當]. ¶ 내 힘으로는 감당할 수 없는 일이다.
- **선지자 先知者** | 먼저 선, 알 지, 사람 자 [prophet; prophetess] ① 세상일을 남보다 먼저[先] 깨달아 아는[知] 사람[者]. ㊥ 선각자(先覺者). ② 지난날 '예언자(預言者)'를 이르던 말.

수를 정죄하여 선지자들의 말을 응하게
하였도다.
28. 죽일 죄를 하나도 찾지 못하였으
나 빌라도에게 죽여 달라 하였으니
29. 성경에 그를 가리켜 기록한 말씀
을 다 응하게 한 것이라 후에 나무에
서 내려다가 무덤에 두었으나
30. 하나님이 죽은 자 가운데서 그를
살리신지라.
31. 갈릴리로부터 예루살렘에 함께 올

속뜻단어 풀이

- **정죄 定罪** | 정할 정, 허물 죄 [condemn] 죄가 있는 것으로 판정함.
- **기록 記錄** | 적을 기, 베낄 록 [record] ① 속뜻 적어두고[記] 베껴둠[錄]. ② 주로 후일에 남길 목적으로 어떤 사실을 적음. 또는 그런 글. ③ 운동 경기 따위에서 세운 성적이나 결과를 수치로 나타낸 것. ¶ 그는 세계 최고 기록을 경신했다.
- **응:-하다 應—** | 응할 응 [answer; accept] 물음이나 요구, 필요에 맞추어[應] 대답하거나 행동하다. ¶ 그는 친구의 초대에 응했다.

라간 사람들에게 여러 날 보이셨으니
그들이 이제 백성 앞에서 그의 증인이
라.
32. 우리도 조상들에게 주신 약속을
너희에게 전파하노니
33. 곧 하나님이 예수를 일으키사 우
리 자녀들에게 이 약속을 이루게 하셨
다 함이라. 시편 둘째 편에 기록한
바와 같이 너는 내 아들이라. 오늘
너를 낳았다 하셨고

속뜻단어 풀이

- **증인 證人** | 증거 증, 사람 인 [witness] 어떤 사실을 증명(證明)하는 사람.
- **전파 傳播** | 전할 전, 뿌릴 파 [spread; propagate] ① 속뜻 전(傳)하여 널리 퍼뜨림[播]. ¶ 또 복음이 먼저 만국에 전파되어야 할 것이니라. ② 물리 파동이 매질 속을 퍼져 가는 일.

34. 또 하나님께서 죽은 자 가운데서 그를 일으키사 다시 썩음을 당하지 않게 하실 것을 가르쳐 이르시되 내가 다윗의 거룩하고 미쁜 은사를 너희에게 주리라 하셨으며

35. 또 다른 시편에 일렀으되 주의 거룩한 자로 썩음을 당하지 않게 하시리라 하셨느니라.

36. 다윗은 당시에 하나님의 뜻을 따라 섬기다가 잠들어 그 조상들과 함께

속뜻단어 풀이

- **거룩** [holy] 히브리어로 '코데쉬'는 '잘라냄, 분리함'을 의미하는 말로 더러움과 분리된 상태를 말한다. 거룩은 하나님께만 있는 성품으로 모든 피조물과 완전히 다르게 구별되심을 말한다.
- **미쁘다** [(be) trustworthy, reliable, trusty] 믿음성이 있다. ¶ 이리저리 눈치만 살피는 모습이 도무지 미쁘게 보이지 않는다.
- **은사 恩賜** | 은혜 은, 줄 사 [spiritual gift] ① 임금이 은혜로써 신하에게 물건을 내려 주던 일. 또는 그 물건. ② 하나님이 준 재능.

묻혀 썩음을 당하였으되

37. 하나님께서 살리신 이는 썩음을 당하지 아니하였나니

38. 그러므로 형제들아 너희가 알 것은 이 사람을 힘입어 죄 사함을 너희에게 전하는 이것이며

39. 또 모세의 율법으로 너희가 의롭다 하심을 얻지 못하던 모든 일에도 이 사람을 힘입어 믿는 자마다 의롭다 하심을 얻는 이것이라.

속뜻단어 풀이

- **죄: 罪** | 허물 죄 [crime; sin; offence] 양심이나 도리에 벗어난 행위. ¶ 다시는 죄를 짓지 않겠다고 다짐했다 / 억울하게 남의 죄를 뒤집어썼다.
- **율법 律法** | 법칙 률, 법 법 [law; rule] ① 속뜻 규범[律]과 법[法]. ② 기독교 하나님이 인간에게 지키도록 내린 규범을 이르는 말.

40. 그런즉 너희는 선지자들을 통하여 말씀하신 것이 너희에게 미칠까 삼가라
41. 일렀으되 보라 멸시하는 사람들아 너희는 놀라고 멸망하라 내가 너희 때를 당하여 한 일을 행할 것이니 사람이 너희에게 일러줄지라도 도무지 믿지 못할 일이라 하였느니라 하니라.
42. 그들이 나갈새 사람들이 청하되 다음 안식일에도 이 말씀을 하라 하더라.

속뜻단어 풀이

- **멸시 蔑視** | 업신여길 멸, 볼 시 [contempt; scorn] 남을 업신여겨[蔑] 봄[視].
- **안식-일 安息日** | 편안할 안, 쉴 식, 날 일 [the Sabbath] 기독교 일을 쉬고[安息] 예배 의식을 행하는 날[日]. 곧 일요일을 이른다. 예수가 일요일 아침에 부활했다는 데서 유래한다.

43. 회당의 모임이 끝난 후에 유대인과 유대교에 입교한 경건한 사람들이 많이 바울과 바나바를 따르니 두 사도가 더불어 말하고 항상 하나님의 은혜 가운데 있으라 권하니라.

44. 그 다음 안식일에는 온 시민이 거의 다 하나님의 말씀을 듣고자 하여 모이니

45. 유대인들이 그 무리를 보고 시기가 가득하여 바울이 말한 것을 반박하

속뜻단어 풀이

- **유대-교 Judea敎.** | 종교 교 [Judaism] 종교 모세의 율법을 기초로 기원전 4세기경부터 발달한 유대(Judea) 민족의 종교(宗敎).
- **입교 入敎** | 들 입, 종교 교 [enter the church] ① 세례를 받아 정식으로 신자가 되어 교회(敎會)의 구성원으로 가입(加入) 되는 일. ② 종교를 믿기 시작함.
- **반박 反駁** | 반대로 반, 칠 박 [refute] 남의 의견이나 비난에 대하여 반대(反對)의 의견으로 논박(論駁)함.

고 비방하거늘

46. 바울과 바나바가 담대히 말하여
이르되 하나님의 말씀을 마땅히 먼저
너희에게 전할 것이로되 너희가 그것을
버리고 영생을 얻기에 합당하지 않은
자로 자처하기로 우리가 이방인에게로
향하노라.

47. 주께서 이같이 우리에게 명하시되
내가 너를 이방의 빛으로 삼아 너로
땅 끝까지 구원하게 하리라 하셨느니라

속뜻단어 풀이

- **비방 誹謗** | 헐뜯을 비, 헐뜯을 방 [slander; abuse] 남을 헐뜯음[誹=謗]. 나쁘게 말함.
- **합당 合當** | 맞을 합, 마땅 당 [suitable] 어떤 기준이나 조건에 맞아서[合] 적당(適當)하다. ¶ 합당한 방법. ㊥ 적합(適合)하다. ㊥ 부당(不當)하다.
- **자처 自處** | 스스로 자, 살 처 [think oneself as] ① 속뜻 스스로[自] 그렇게 처신(處身)함. ¶ 한국 핸드볼팀은 세계 최강임을 자처한다. ② 자기의 일을 스스로 처리함.

하니
48. 이방인들이 듣고 기뻐하여 하나님
의 말씀을 찬송하며 영생을 주시기로
작정된 자는 다 믿더라.
49. 주의 말씀이 그 지방에 두루 퍼
지니라.
50. 이에 유대인들이 경건한 귀부인들
과 그 시내 유력자들을 선동하여 바울
과 바나바를 박해하게 하여 그 지역에
서 쫓아내니

속뜻단어 풀이

- **유력자 有力者** | 있을 유, 힘 력, 사람자 [the chief men; the leading men] 세력[力]이나 재산이 있는[有] 사람[者].
- **선동 煽動** | 부추길 선, 움직일 동 [instigate; abet; incite] 어떤 행동 대열에 참여하도록 문서나 언동으로 대중의 감정을 부추기어[煽] 움직이게[動] 함. ¶ 국민을 선동하다.

51. 두 사람이 그들을 향하여 발의 티끌을 떨어 버리고 이고니온으로 가거늘

52. 제자들은 기쁨과 성령이 충만하니라.

속뜻단어 풀 이

- **티끌** [dust] ① 티와 먼지. ¶ 눈에 티끌이 들어갔다. ② 몹시 작거나 분량이 적음을 나타냄. ¶ 그는 티끌만큼의 욕심도 부리지 않았다. 속담 티끌 모아 태산.
- **충만 充滿** | 채울 충, 넘칠 만 [full] 넘치도록[滿] 가득 채움[充]. ¶ 마음에 기쁨이 충만하다 / 그 안내서는 유익한 기사로 충만하다.

1. 이제 사도 바울의 제 1차 선교여행이 시작됩니다. 비시디아 안디옥에서 행한 그의 설교의 내용(16-41절)을 따라가 봅시다.

· 22-24절 : 예수님은 ( )( )의 후손으로서, 하나님의 ( )( )을 따라 세상에 오신 ( )( )이시다. 이 예수님을 믿을 때는 반드시, 자신이 죄인인 것을 인정하고 자기 죄를 고백하는 ( )( )를 필요로 한다.

· 26-37절 : 예수님은 우리의 ( )를 대신 속죄하기 위하여 죽으셨다가 다시 살아나셨는데, 이 사실은 ( )( ) 여러 곳에 나타나 있다.

· 38-41절 : 모든 사람은 예외 없이 이 예수님을 ( )( )으로써 죄를 ( )( )받고 ( )( )으로 인정받는다. 그러나 우리가 믿지 않는다면 하나님의 심판을 받아 멸망에 이르게 된다.

2. 하나님이 믿음의 선물을 주시는 분이시라면, 우리가 하나님께 간절히 구할 것은 무엇인가요? 아래 빈 칸을 채우면서 생각해보세요.

이방인들이 듣고 기뻐하여 하나님의 ( )( )을 찬송하며
영생을 주시기로 ( )( )된 자는 다 믿더라. (48절)

제 14 장

1. 이에 이고니온에서 두 사도가 함께
유대인의 회당에 들어가 말하니 유대와
헬라의 허다한 무리가 믿더라.
2. 그러나 순종하지 아니하는 유대인들
이 이방인들의 마음을 선동하여 형제들
에게 악감을 품게 하거늘
3. 두 사도가 오래 있어 주를 힘입어
담대히 말하니 주께서 그들의 손으로
표적과 기사를 행하게 하여 주사 자기

속뜻단어 풀이

- **악감 惡感** | 악할 악, 느낄 감 [ill feeling; malice] 남에게 품는 악(惡)한 감정(感情). 악감정. ¶ 악감을 품다 / 악감을 가지다. ㉥ 호감(好感).
- **표적 表迹** | 겉 표, 자취 적 [miraculous signs; miracles] ① 겉[表]으로 나타난 자취[迹]. ② 기독교 기적을 의미.
- **기사 奇事** | 기이할 기, 일 사 [Wonder] 신기한 일, 놀라운 일로 성경에서는 인간의 이성적인 생각을 뛰어넘고 일상생활을 초월한 일을 가리킨다.

은혜의 말씀을 증언하시니

4. 그 시내의 무리가 나뉘어 유대인을 따르는 자도 있고 두 사도를 따르는 자도 있는지라.

5. 이방인과 유대인과 그 관리들이 두 사도를 모욕하며 돌로 치려고 달려드니

6. 그들이 알고 도망하여 루가오니아의 두 성 루스드라와 더베와 그 근방으로 가서

7. 거기서 복음을 전하니라.

속뜻단어 풀이

• **모욕 侮辱** | 업신여길 모, 욕될 욕 [insult] 업신여기고[侮] 욕(辱)함. ¶ 모욕을 당하다. ㊇ 멸시(蔑視), 모멸(侮蔑).
• **근:방 近方** | 가까울 근, 모 방 [neighborhood] 가까운[近] 곳[方]. ¶ 이 근방에 살다. ㊇ 근처(近處), 인근(鄰近).

8. 루스드라에 발을 쓰지 못하는 한 사람이 앉아 있는데 나면서 걷지 못하게 되어 걸어 본 적이 없는 자라.

9. 바울이 말하는 것을 듣거늘 바울이 주목하여 구원 받을 만한 믿음이 그에게 있는 것을 보고

10. 큰 소리로 이르되 네 발로 바로 일어서라 하니 그 사람이 일어나 걷는지라.

11. 무리가 바울이 한 일을 보고 루

속뜻단어 풀이

- **주:목 注目** | 쏟을 주, 눈 목 [pay attention] ① 속뜻 눈[目]길을 한곳에 쏟음[注]. ② 어떤 대상이나 일에 대해 특별히 관심을 가지고 자세히 살핌. ¶그 사건은 주목을 별로 받지 못했다.
- **믿음** [trust; belief] ① 믿는 마음. ¶믿음이 안 간다. ② 종교적 이념을 따르는 일. ¶믿음이 깊다. ㉥ 신앙(信仰).

가오니아 방언으로 소리 질러 이르되 신들이 사람의 형상으로 우리 가운데 내려오셨다 하여

12. 바나바는 제우스라 하고 바울은 그 중에 말하는 자이므로 헤르메스라 하더라.

13. 시외 제우스 신당의 제사장이 소와 화환들을 가지고 대문 앞에 와서 무리와 함께 제사하고자 하니

14. 두 사도 바나바와 바울이 듣고

속뜻단어 풀이

- **형상 形象** | 모양 형, 모양 상 [shape; figure] 사물의 생긴 모양[形=象]이나 상태. ¶ 인간의 형상을 한 괴물.
- **신당 神堂** | 귀신 신, 집 당 [shrine] 신령(神靈)을 모셔 놓는 집[堂]. ¶ 신당 안에 들어가 독경을 하였다.
- **화환 花環** | 꽃 화, 고리 환 [(floral) wreath; garland (of flowers)] 꽃[花]으로 만든 고리[環] 모양의 것. ¶ 결혼식에 화환을 보내다. ㊔ 화륜(花輪).

옷을 찢고 무리 가운데 뛰어 들어가서 소리 질러

15. 이르되 여러분이여 어찌하여 이러한 일을 하느냐? 우리도 여러분과 같은 성정을 가진 사람이라 여러분에게 복음을 전하는 것은 이런 헛된 일을 버리고 천지와 바다와 그 가운데 만물을 지으시고 살아 계신 하나님께로 돌아오게 함이라.

16. 하나님이 지나간 세대에는 모든

속뜻단어 풀이

- **성:정 性情** | 성품 성, 마음 정 [nature; temper] ① 속뜻 사람의 성질(性質)과 심정(心情). ② 타고난 본성. 정성(情性).
- **세:대 世代** | 인간 세, 시대 대 [generation] ① 속뜻 한 사람[世]이 살아가는 일정 시대(時代). ② 같은 시대에 살면서 공통의 의식을 가지는 비슷한 연령층의 사람 전체. ¶ 젊은 세대. ③ 한 생물이 생겨나서 생존을 끝마칠 때까지의 기간.

민족으로 자기들의 길들을 가게 방임하
셨으나
17. 그러나 자기를 증언하지 아니하신
것이 아니니 곧 여러분에게 하늘로부터
비를 내리시며 결실기를 주시는 선한
일을 하사 음식과 기쁨으로 여러분의
마음에 만족하게 하셨느니라 하고
18. 이렇게 말하여 겨우 무리를 말려
자기들에게 제사를 못하게 하니라.
19. 유대인들이 안디옥과 이고니온에서

속뜻단어 풀이

- **방임 放任** | 놓을 방, 맡길 임 [neglect; ignore] 임의(任意)대로 하도록 내버려둠[放]. 간섭하지 않고 마음대로 하도록 함. ¶ 아이들을 방임하다.
- **결실기 結實期** | 맺을 결, 열매 실, 기한 기 [fruitful seasons] 열매[實]를 맺는[結] 시기[期].

와서 무리를 충동하니 그들이 돌로 바
울을 쳐서 죽은 줄로 알고 시외로 끌
어 내치니라.
20. 제자들이 둘러섰을 때에 바울이
일어나 그 성에 들어갔다가 이튿날 바
나바와 함께 더베로 가서
21. 복음을 그 성에서 전하여 많은
사람을 제자로 삼고 루스드라와 이고니
온과 안디옥으로 돌아가서
22. 제자들의 마음을 굳게 하여 이

속뜻단어 풀이

- **충동 衝動** | 찌를 충, 움직일 동 [urge; instigate; incite] ① 속뜻 마음을 들쑤셔서[衝] 움직이게[動] 함. ② 순간적으로 어떤 행동을 하고 싶은 욕구를 느끼게 하는 마음속의 자극. ¶ 수영장을 보니 뛰어들고 싶은 충동이 든다. ③ 어떤 일을 하도록 남을 부추기거나 심하게 마음을 흔들어 놓음. ¶ 그의 충동으로 나는 내키지 않는 일을 억지로 하고 말았다 / 물건을 사라며 사람들을 충동하다.
- **복음 福音** | 복 복, 소리 음 [glad tidings; (Christian) Gospel] ① 속뜻 복(福) 받을 기쁜 소식[音]. ② 기독교 예수의 가르침. 또는 예수에 의한 인간 구원의 길. ③ 기독교 복음서(福音書).

믿음에 머물러 있으라 권하고 또 우리가 하나님의 나라에 들어가려면 많은 환난을 겪어야 할 것이라 하고

23. 각 교회에서 장로들을 택하여 금식 기도하며 그들이 믿는 주께 그들을 위탁하고

24. 비시디아 가운데로 지나서 밤빌리아에 이르러

25. 말씀을 버가에서 전하고 앗달리아로 내려가서

속뜻단어 풀이

- **환:난 患難** | 근심 환, 어려울 난 [hardships; distress; misfortune] 근심[患]과 재난(災難). ¶ 환난을 겪다 / 환난을 극복하다.
- **위탁 委託** | 맡길 위, 부탁할 탁 [entrust; consign] ① 어떤 행위나 사무의 처리를 남에게 맡겨[委] 부탁(付託)하는 일. ¶ 전문 경영인에게 회사의 운영을 위탁했다. ② 남에게 사물이나 사람의 책임을 맡기는 것. ¶ 위탁교육.

26. 거기서 배 타고 안디옥에 이르니 이 곳은 두 사도가 이룬 그 일을 위하여 전에 하나님의 은혜에 부탁하던 곳이라.

27. 그들이 이르러 교회를 모아 하나님이 함께 행하신 모든 일과 이방인들에게 믿음의 문을 여신 것을 보고하고

28. 제자들과 함께 오래 있으니라.

속뜻단어 풀이

- **사:도 使徒** | 부릴 사, 무리 도 [apostle] ① 기독교 예수가 복음을 널리 전하는 것을 시키기[使] 위하여 특별히 뽑은 열두 제자[徒]. ② 신성한 일을 위하여 헌신적으로 일하는 사람을 비유하여 이르는 말. ¶ 정의의 사도가 나가신다.
- **은혜 恩惠** | 인정 은, 사랑 혜 [favor; benefit] 남으로부터 받는 인정[恩]과 고마운 사랑[惠]. ¶ 스승의 은혜 / 은혜롭게도 우리는 사계절을 고루 누리고 있다.
- **보:고 報告** | 알릴 보, 알릴 고 [report on; inform] 주어진 임무에 대하여 그 결과나 내용을 말이나 글로 알림[報=告]. ¶ 사건을 상관에게 보고하다.

1. 루스드라에 도착한 바울은 그 곳 사람들에게 복음을 전하면서, 자신이 복음을 전하는 이유(목적)를 무엇이라고 밝히고 있나요? (15-17절)

2. 바울 사도 일행은 1차 선교여행을 마무리할 즈음에 선교지를 다시 되돌아 방문하면서 특별히 전한 메시지가 있는데, 모든 믿는 사람들이 주의 깊게 들어야 할 그 말씀은 무엇인가요? (22절)

제 15 장

1. 어떤 사람들이 유대로부터 내려와서 형제들을 가르치되 너희가 모세의 법대로 할례를 받지 아니하면 능히 구원을 받지 못하리라 하니

2. 바울 및 바나바와 그들 사이에 적지 아니한 다툼과 변론이 일어난지라. 형제들이 이 문제에 대하여 바울과 바나바와 및 그 중의 몇 사람을 예루살렘에 있는 사도와 장로들에게 보내기로

속뜻단어 풀이

- **할례 割禮** | 나눌 할, 예도 례 [Circumcision] ① 남성 성기의 포피 끝을 잘라버리는 의식. ② 할례는 하나님의 명령으로 이스라엘에게 행해진 할례는 하나님과 이스라엘 사이의 언약의 표증이었으며 이스라엘이 하나님께 선택되어 언약을 맺은 백성으로서 하나님께 순종하고 헌신하겠다는 약속의 상징이었다.
- **변:론 辯論** | 말 잘할 변, 말할 론 [discuss; argue; debate] ① 속뜻 변호(辯護)하는 말을 함[論]. ② 사리를 밝혀 옳고 그름을 따짐. ③ 법률 소송 당사자나 변호인이 법정에서 주장하거나 진술함. 또는 그런 진술. ¶ 피고를 위해 변론하다.

작정하니라.

3. 그들이 교회의 전송을 받고 베니게와 사마리아로 다니며 이방인들이 주께 돌아온 일을 말하여 형제들을 다 크게 기쁘게 하더라.

4. 예루살렘에 이르러 교회와 사도와 장로들에게 영접을 받고 하나님이 자기들과 함께 계셔 행하신 모든 일을 말하매

5. 바리새파 중에 어떤 믿는 사람들이

속뜻단어 풀이

- **전:송 餞送** | 보낼 전, 보낼 송 [see off; send off] 서운하여 전별(餞別)의 잔치를 베풀어 보냄[送]. ¶ 우리는 성대한 전송을 받았다. ㊐ 배웅.
- **바리새파** [Pharisaism] 기독교 기원전 2세기에 일어난 유대 민족의 한 종파. 율법의 준수와 종교적인 순수함을 강조하였다. 형식주의와 위선에 빠져 예수를 공격하였다.

일어나 말하되 이방인에게 할례를 행하
고 모세의 율법을 지키라 명하는 것이
마땅하다 하니라.
6. 사도와 장로들이 이 일을 의논하러
모여
7. 많은 변론이 있은 후에 베드로가
일어나 말하되 형제들아! 너희도 알거
니와 하나님이 이방인들로 내 입에서
복음의 말씀을 들어 믿게 하시려고 오
래 전부터 너희 가운데서 나를 택하시

속뜻단어 풀이

- **마땅-하다** (當, 마땅 당; 宜, 마땅할 의) [suitable; right; proper] ① 사물이 어떤 조건에 잘 어울리게 알맞다. ¶ 마땅한 일자리가 없다. ② 그렇게 하거나 되는 것이 옳다. ¶ 비난받아 마땅하다 / 마땅히 지켜야할 도리. ㊊ 적합(適合)하다, 상당(相當)하다, 당연(當然)하다. ㉫ 못마땅하다, 마땅찮다.
- **의논 議論** | 따질 의, 논할 론 [discuss; consult] 어떤 의견이 옳은지 따지어[議] 말함[論]. ¶ 의논 상대 / 나는 부모님과 진학 문제에 대해 의논했다. ㊊ 논의(論議), 토의(討議).

고

8. 또 마음을 아시는 하나님이 우리에게와 같이 그들에게도 성령을 주어 증언하시고

9. 믿음으로 그들의 마음을 깨끗이 하사 그들이나 우리나 차별하지 아니하셨느니라.

10. 그런데 지금 너희가 어찌하여 하나님을 시험하여 우리 조상과 우리도 능히 메지 못하던 멍에를 제자들의 목

속뜻단어 풀이

- **차별 差別 | 다를 차, 나눌 별** [discriminate against] ① 속뜻 다르게[差] 나눔[別]. ②차등이 있게 구별함. ¶ 인종 차별 / 이 제품은 품질부터 차별된다. ⓑ 평등(平等).
- **시험 試驗 | 따질 시, 효과 험** [test; try out] ① 속뜻 사물의 성질이나 기능을 따져서[試] 그 효과[驗]를 알아보는 일. ¶ 성능을 시험하다. ② 재능이나 실력 따위를 일정한 절차에 따라 검사하고 평가하는 일. ¶ 시험에 합격하다.
- **멍에** [yoke] ① 소나 말의 목에 얹어 수레나 쟁기를 끌게 하는 '∧' 모양의 막대. ② 쉽게 벗어날 수 없는 구속이나 억압을 비유적으로 이르는 말. ¶ 멍에를 짊어지다.

에 두려느냐?
11. 그러나 우리는 그들이 우리와 동
일하게 주 예수의 은혜로 구원 받는
줄을 믿노라 하니라.
12. 온 무리가 가만히 있어 바나바와
바울이 하나님께서 자기들로 말미암아
이방인 중에서 행하신 표적과 기사에
관하여 말하는 것을 듣더니
13. 말을 마치매 야고보가 대답하여
이르되 형제들아 내 말을 들으라.

속뜻단어 풀이

- **동일 同一** | 같을 동, 모두 일 [same; identical] ① 어떤 것과 비교하여 모두[一] 꼭 같음[同]. ¶ 조건이 동일하다. ② 각각 다른 것이 아니라 하나임. ¶ 영과 혼은 동일하다. ⓑ 상이(相異).
- **기사 奇事** | 기이할 기, 일 사 [Wonder] 신기한 일, 놀라운 일로 성경에서는 인간의 이성적인 생각을 뛰어넘고 일상생활을 초월한 일을 가리킨다.

14. 하나님이 처음으로 이방인 중에서
자기 이름을 위할 백성을 취하시려고
그들을 돌보신 것을 시므온이 말하였으
니
15. 선지자들의 말씀이 이와 일치하도
다. 기록된 바
16. 이 후에 내가 돌아와서 다윗의
무너진 장막을 다시 지으며 또 그 허
물어진 것을 다시 지어 일으키리니
17. 이는 그 남은 사람들과 내 이름

속뜻단어 풀이

- **일치 一致** | 한 일, 이를 치 [agree] 하나[一]에 이름[致]. 서로 어긋나지 않고 꼭 맞음. 어긋나는 것이 없음. ¶ 의견 일치/ 불일치(不一致).
- **장막 帳幕** | 휘장 장, 막 막 [tent] ① 사람이 들어가 볕이나 비를 피할 수 있도록 한데에 둘러치는 휘장[帳]이나 천막[幕]. ② 안을 보지 못하게 둘러치는 막.

으로 일컬음을 받는 모든 이방인들로
주를 찾게 하려 함이라 하셨으니
18. 즉 예로부터 이것을 알게 하시는
주의 말씀이라 함과 같으니라.
19. 그러므로 내 의견에는 이방인 중
에서 하나님께로 돌아오는 자들을 괴롭
게 하지 말고
20. 다만 우상의 더러운 것과 음행과
목매어 죽인 것과 피를 멀리하라고 편
지하는 것이 옳으니

속뜻단어 풀이

- **우상 偶像** | 허수아비 우, 모양 상 [idol] ① 허수아비 같은 모양. ② 신처럼 숭배의 대상이 되는 물건이나 사람.
- **음행 淫行** | 음란할 음, 행할 행 [lewd[immoral, unchaste] conduct] 음란(淫亂)한 행실(行實).

21. 이는 예로부터 각 성에서 모세를 전하는 자가 있어 안식일마다 회당에서 그 글을 읽음이라 하더라.

22. 이에 사도와 장로와 온 교회가 그 중에서 사람들을 택하여 바울과 바나바와 함께 안디옥으로 보내기를 결정하니 곧 형제 중에 인도자인 바사바라 하는 유다와 실라더라.

23. 그 편에 편지를 부쳐 이르되 사도와 장로 된 형제들은 안디옥과 수리

속뜻단어 풀이

- **택-하다 (擇—, 가릴 택)** [choose; pick out of] 여럿 중 가려서[擇] 고르다. 선택하다. ¶ 그는 불명예보다 차라리 죽음을 택했다.
- **결정 決定** | 결정할 결, 정할 정 [decide] ① 속뜻 결단(決斷)을 내려 확정(確定)함. ¶ 참전(參戰)을 결정하다. ② 법률 법원이 행하는 판결 및 명령 이외의 재판. ⓑ 결단(決斷). ⓑ 미결(未決), 보류(保留).

아와 길리기아에 있는 이방인 형제들에
게 문안하노라.
24. 들은즉 우리 가운데서 어떤 사람
들이 우리의 지시도 없이 나가서 말로
너희를 괴롭게 하고 마음을 혼란하게
한다 하기로
25. 사람을 택하여 우리 주 예수 그
리스도의 이름을 위하여 생명을 아끼지
아니하는 자인 우리가 사랑하는 바나바
와 바울과 함께 너희에게 보내기를 만

속뜻단어 풀이

- **문:안 問安** | 물을 문, 편안할 안 [ask after the health of another] 웃어른에게 안부(安否)를 물음[問]. ¶ 문안 인사를 드리다.
- **혼란 混亂** | 섞을 혼, 어지러울 란 [confused; disordered] ① 뒤섞여서[混] 어지러움[亂]. ② 뒤죽박죽이 되어 질서가 없음. ¶ 혼란에 빠지다 / 그 소식은 우리 가족을 혼란스럽게 했다. ㉥ 혼잡(混雜). ㉦ 평온(平穩).

장일치로 결정하였노라.
26.(위에 포함)
27. 그리하여 유다와 실라를 보내니
그들도 이 일을 말로 전하리라.
28. 성령과 우리는 이 요긴한 것들
외에는 아무 짐도 너희에게 지우지 아
니하는 것이 옳은 줄 알았노니
29. 우상의 제물과 피와 목매어 죽인
것과 음행을 멀리할지니라. 이에 스스로
삼가면 잘되리라 평안함을 원하노라 하

속뜻단어 풀 이

- **요긴 要緊** | 요할 요, 급할 긴 [be essentially important] ① 중요(重要)하고도 급함[緊]. ②중요하여 꼭 필요로 함. ¶ 요긴한 물건. ㊥ 긴요(緊要)하다.
- **제:물 祭物** | **제사 제, 만물 물** [things offered in sacrifice] ① 속뜻 제사(祭祀)에 쓰는 음식물(飮食物). ¶ 양을 제물로 바치다. ② 희생된 물건이나 사람 따위를 비유하여 이르는 말. ㊥ 제수(祭需), 품(祭品), 천수(薦羞).

였더라.
30. 그들이 작별하고 안디옥에 내려가
무리를 모은 후에 편지를 전하니
31. 읽고 그 위로한 말을 기뻐하더라
32. 유다와 실라도 선지자라 여러 말
로 형제를 권면하여 굳게 하고
33. 얼마 있다가 평안히 가라는 전송
을 형제들에게 받고 자기를 보내던 사
람들에게로 돌아가되
34. (없음)

속뜻단어 풀이

- **작별 作別** | 지을 작, 나눌 별 [take leave; bid farewell] 이별(離別)을 함[作]. 이별의 인사를 나눔. ¶ 작별 인사 / 친구와 작별하고 기차에 올랐다. ㉥ 상봉(相逢).
- **위로 慰勞** | 달랠 위, 수고로울 로 [console; comfort] 수고로움[勞]이나 아픔을 달램[慰]. ¶ 어떻게 위로의 말씀을 드려야 할지 모르겠습니다 / 어머니는 기회가 또 있을 것이라며 나를 위로했다.
- **권면 勸勉** | 권할 권, 힘쓸 면 [encouragement] 알아듣도록 권(勸)하고 격려하여 힘쓰게[勉] 함.

35. 바울과 바나바는 안디옥에서 유하며 수다한 다른 사람들과 함께 주의 말씀을 가르치며 전파하니라.

36. 며칠 후에 바울이 바나바더러 말하되 우리가 주의 말씀을 전한 각 성으로 다시 가서 형제들이 어떠한가 방문하자 하고

37. 바나바는 마가라 하는 요한도 데리고 가고자 하나

38. 바울은 밤빌리아에서 자기들을 떠

속뜻단어 풀이

- **수:다 數多** | 셀 수, 많을 다 [many; numerous] 수(數)가 많음[多]. ¶ 수다한 사람이 전쟁으로 목숨을 잃었다.
- **방:문 訪問** | 찾을 방, 물을 문 [call; visit] 찾아가서[訪] 안부 등을 물음[問]. ¶ 총리가 중국을 방문하다.

나 함께 일하러 가지 아니한 자를 데
리고 가는 것이 옳지 않다 하여
39. 서로 심히 다투어 피차 갈라서니
바나바는 마가를 데리고 배 타고 구브
로로 가고
40. 바울은 실라를 택한 후에 형제들
에게 주의 은혜에 부탁함을 받고 떠나
41. 수리아와 길리기아로 다니며 교회
들을 견고하게 하니라.

속뜻단어 풀이

- **피:차 彼此** | 저 피, 이 차 [each other] ① 속뜻 저것[彼]과 이것[此]. ② 이쪽과 저쪽의 양쪽. ¶ 힘들기는 피차 마찬가지이다.
- **견고 堅固** | 굳을 견, 굳을 고 [strong; solid] ① 속뜻 매우 튼튼하고[固] 단단하다[堅]. ¶ 견고한 성문을 부수다. ② 사상이나 의지 따위가 동요됨이 없이 확고하다. ¶ 그는 견고하게 자기의 신념을 지켰다. ㉥ 굳건하다, 견뢰하다(堅牢), 공고(鞏固), 완뢰(完牢).

1. 초대교회 당시 처음으로 등장하는 예루살렘 회의 의제를 우리는 지금 접하고 있습니다. 그 당시 어떤 사람들은 구원을 받으려면 믿음 외에 모세의 율법을 지키고 할례를 받아야 한다고 주장하고 있었습니다(1-5절). 이에 대한 사도들의 회의 결과는 오직 믿음으로 구원을 얻는다는 복음을 교회가 지켜나가는 데 있어서 매우 중요했는데, 그 내용은 무엇인가요? (19-20, 28-29절)

2. 제1차 선교여행의 동역자였던 바울과 바나바는 마가를 데리고 가는 여부 때문에 서로 다투고 헤어지게 됩니다. 바나바는 2차 여행에도 마가를 데리고 가기를 원했지만, 바울은 반대했습니다. 왜냐하면 마가는 지난 1차 여행 중간에 일행을 떠나 되돌아갔기 때문이었죠(13:13). 이 사건은 오늘날 같은 교인들끼리 서로 다투는 문제에 있어서 -그럼에도 불구하고 서로 별도의 사역을 잘하는 경우- 어떤 교훈을 줍니까? (36-41절)

제16장

1. 바울이 더베와 루스드라에도 이르매 거기 디모데라 하는 제자가 있으니 그 어머니는 믿는 유대 여자요 아버지는 헬라인이라.

2. 디모데는 루스드라와 이고니온에 있는 형제들에게 칭찬 받는 자니

3. 바울이 그를 데리고 떠나고자 할새 그 지역에 있는 유대인으로 말미암아 그를 데려다가 할례를 행하니 이는 그

속뜻단어 풀이

- **칭찬 稱讚** | 일컬을 칭, 기릴 찬 [praise] 좋은 점이나 훌륭한 일을 일컬어[稱] 높이 평가하여 기림[讚]. 또는 그런 말. ¶ 청소를 잘 한다고 선생님께서 칭찬하셨다. ⓑ 꾸중, 책망(責望), 질책(叱責).
- **지역 地域** | 땅 지, 지경 역 [area; region; zone] 일정한 땅[地]의 구역(區域). 또는 그 안의 땅. ¶ 이 지역에서는 물이 부족하다.

사람들이 그의 아버지는 헬라인인 줄 다 앎이러라.

4. 여러 성으로 다녀 갈 때에 예루살렘에 있는 사도와 장로들이 작정한 규례를 그들에게 주어 지키게 하니

5. 이에 여러 교회가 믿음이 더 굳건해지고 수가 날마다 늘어가니라.

6. 성령이 아시아에서 말씀을 전하지 못하게 하시거늘 그들이 브루기아와 갈라디아 땅으로 다녀가

속뜻단어 풀이

• **작정 作定** | 지을 작, 정할 정 [decision; determination] 어떤 일에 대해 마음으로 결정(決定)을 내림[作]. 또는 그 결정.
• **규례 規例** | 법 규, 법식 례 [rules and regulations] 일정한 규칙(規則)과 정해진 관례(慣例). ¶ 예전의 규례대로 의식을 거행하다.

7. 무시아 앞에 이르러 비두니아로 가고자 애쓰되 예수의 영이 허락하지 아니하시는지라.

8. 무시아를 지나 드로아로 내려갔는데

9. 밤에 환상이 바울에게 보이니 마게도냐 사람 하나가 서서 그에게 청하여 이르되 마게도냐로 건너와서 우리를 도우라 하거늘

10. 바울이 그 환상을 보았을 때 우리가 곧 마게도냐로 떠나기를 힘쓰니

속뜻단어 풀이

- **허락 許諾** | 들어줄 허, 승낙할 낙 [agree] 청하는 바를 들어주어[許] 승낙(承諾)함. ¶ 부모님께 결혼 허락을 받다. ㉥ 승낙(承諾), 허가(許可). ㉤ 불허(不許).
- **환:상 幻像** | 헛보일 환, 모양 상 [phantom; illusion; vision] ① 속뜻 헛보이는[幻] 형상(形像). ② 현실로는 존재하지 않는 것이 존재하는 것처럼 보이는 형상. 환영(幻影). ¶ 머리에 자꾸만 그녀의 환상이 떠올랐다.

이는 하나님이 저 사람들에게 복음을
전하라고 우리를 부르신 줄로 인정함이
러라.
11. 우리가 드로아에서 배로 떠나 사
모드라게로 직행하여 이튿날 네압볼리로
가고
12. 거기서 빌립보에 이르니 이는 마
게도냐 지방의 첫 성이요 또 로마의
식민지라 이 성에서 수일을 유하다가
13. 안식일에 우리가 기도할 곳이 있

속뜻단어 풀이

- **인정 認定** | 알 인, 정할 정 [admit] 확실히 알아서[認] 그렇게 결정(決定)함. ¶ 나는 그의 정직함만은 인정해 주고 싶어 / 그녀는 자신의 잘못을 인정했다.
- **직행 直行** | 곧을 직, 갈 행 [go straight to; run through to] ① 속뜻 도중에 다른 곳에 머무르거나 들르지 않고 바로[直] 감[行]. ¶ 이 버스는 목포까지 직행한다. ② 올바르고 정당한 행동. ③ 마음대로 꾸밈없이 해냄. '직정경행'(直情徑行)의 준말. ⓑ 곡행(曲行).
- **식민-지 植民地** | 심을 식, 백성 민, 땅 지 [colony] 정치 강대국이 점령하여 국민을 이주시킨[植民] 뒤, 정치적 · 경제적으로 지배하는 지역(地域).

을까 하여 문 밖 강가에 나가 거기
앉아서 모인 여자들에게 말하는데
14. 두아디라 시에 있는 자색 옷감
장사로서 하나님을 섬기는 루디아라 하
는 한 여자가 말을 듣고 있을 때 주
께서 그 마음을 열어 바울의 말을 따
르게 하신지라.
15. 그와 그 집이 다 세례를 받고
우리에게 청하여 이르되 만일 나를 주
믿는 자로 알거든 내 집에 들어와 유

속뜻단어 풀이

- **자:색 紫色** | 자줏빛 자, 빛 색 [purple] 자주(紫朱) 빛[色]. ¶ 아이리스는 봄에 흰색, 자색의 꽃을 피운다.
- **청-하다 請—** | 청할 청 [ask; beg; entreat] 어떤 일을 이루기 위하여 남에게 부탁을 하다[請]. ¶ 도움을 청하다.

하라 하고 강권하여 머물게 하니라.
16. 우리가 기도하는 곳에 가다가 점
치는 귀신 들린 여종 하나를 만나니
점으로 그 주인들에게 큰 이익을 주는
자라.
17. 그가 바울과 우리를 따라와 소리
질러 이르되 이 사람들은 지극히 높은
하나님의 종으로서 구원의 길을 너희에
게 전하는 자라 하며
18. 이같이 여러 날을 하는지라. 바

속뜻단어 풀이

- **강:권 強勸** | 억지 강, 권할 권 [force (upon) ; compel to] 억지로[強] 권함[勸]. ¶ 부모의 강권으로 결혼하다.
- **이익 利益** | 이로울 리, 더할 익 [benefit; profit; gains] ① 이롭고[利] 보탬[益]이 됨. ② 물질적으로나 정신적으로 보탬이 되는 것. ¶ 이익을 보다 / 공공의 이익. ③ 기업의 결산 결과 모든 경비를 빼고 남은 순소득. ¶ 우리 회사는 상반기 이익이 증가했다. ㊥ 이득(利得). ㊤ 손실(損失), 손해(損害).
- **지극히 至極-** | 이를 지, 다할 극 [extremely] 더할 수 없이 극진하게, 더할 나위 없이 아주.

울이 심히 괴로워하여 돌이켜 그 귀신
에게 이르되 예수 그리스도의 이름으로
내가 네게 명하노니 그에게서 나오라
하니 귀신이 즉시 나오니라.
19. 여종의 주인들은 자기 수익의 소
망이 끊어진 것을 보고 바울과 실라를
붙잡아 장터로 관리들에게 끌어 갔다가
20. 상관들 앞에 데리고 가서 말하되
이 사람들이 유대인인데 우리 성을 심
히 요란하게 하여

속뜻단어 풀 이

- **수익 收益** | 거둘 수, 더할 익 [earn a profit] 일이나 사업 등을 하여 이익(利益)을 거두어[收] 들임. 또는 그 이익. ¶ 막대한 수익을 올리다.
- **요란 擾亂** | 어지러울 요, 어지러울 란 [be noisy] ① 정도가 지나쳐 어수선하고 어지러움. ② 시끄럽고 떠들썩함.

21. 로마 사람인 우리가 받지도 못하고 행하지도 못할 풍속을 전한다 하거늘

22. 무리가 일제히 일어나 고발하니 상관들이 옷을 찢어 벗기고 매로 치라 하여

23. 많이 친 후에 옥에 가두고 간수에게 명하여 든든히 지키라 하니

24. 그가 이러한 명령을 받아 그들을 깊은 옥에 가두고 그 발을 차꼬에 든

속뜻단어 풀이

- **풍속 風俗** | 바람 풍, 속될 속 [manners; customs] ① 속뜻 한 사회의 풍물(風物)과 습속(習俗). ② 옛날부터 그 사회에 전해 오는 생활 전반에 걸친 습관. ¶ 이 마을에는 옛날 풍속이 잘 보존되어 있다. ③ 그 시대의 유행과 습관. ㊥ 풍습(風習).
- **고:발 告發** | 알릴 고, 드러낼 발 [complain] ① 속뜻 잘못이나 비리 따위를 알려[告] 드러냄[發]. ② 피해자나 고소권자가 아닌 제삼자가 수사 기관에 범죄 사실을 신고하여 수사 및 범인의 기소를 요구하는 일. ¶ 경찰에 사기꾼을 고발하다.
- **차꼬** [Stock, Shackle] 죄수의 손과 발을 묶어두기 위해 만든 형벌 기구를 말한다. 나무나 금속으로 만들어졌으며 모양도 다양하였다.

든히 채웠더니
25. 한밤중에 바울과 실라가 기도하고
하나님을 찬송하매 죄수들이 듣더라.
26. 이에 갑자기 큰 지진이 나서 옥
터가 움직이고 문이 곧 다 열리며 모
든 사람의 매인 것이 다 벗어진지라.
27. 간수가 자다가 깨어 옥문들이 열
린 것을 보고 죄수들이 도망한 줄 생
각하고 칼을 빼어 자결하려 하거늘
28. 바울이 크게 소리 질러 이르되

속뜻단어 풀이

- **간수 看守** | 볼 간, 지킬 수 [guard] ① 속뜻 보살피고[看] 지킴[守]. ② 철도의 건널목을 지키는 사람.
- **자결 自決** | 스스로 자, 결정할 결 [suicide; kill oneself] ① 속뜻 일을 스스로[自] 해결(解決)함. ¶ 민족 자결 주의. ② 스스로 목숨을 끊음. ¶ 그녀는 누명을 쓴 억울함으로 자결하였다. ㊈ 자살(自殺).

네 몸을 상하지 말라 우리가 다 여기
있노라 하니
29. 간수가 등불을 달라고 하며 뛰어
들어가 무서워 떨며 바울과 실라 앞에
엎드리고
30. 그들을 데리고 나가 이르되 선생
들이여 내가 어떻게 하여야 구원을 받
으리이까 하거늘
31. 이르되 주 예수를 믿으라! 그리
하면 너와 네 집이 구원을 받으리라

속뜻단어 풀이

- **선생 先生** | 먼저 선, 날 생 [teacher; Mister] ① 속뜻 먼저[先] 태어남[生]. ② 학생을 가르치는 사람. ③ 성명이나 직명 따위의 아래에 쓰여 그를 높여 일컫는 말. ¶ 최 선생. ④ 어떤 일에 경험이 많거나 아는 것이 많은 사람. ¶ 의사 선생. ㉥ 교사(教師).
- **구:원 救援** | 건질 구, 당길 원 [rescue; relieve] ① 속뜻 물에 빠진 사람을 건져주기[救] 위해 잡아당김[援]. ② 어려움이나 위험에 빠진 사람을 구하여 줌. ¶ 구원의 손길 / 구원이 우환이라. ③ 기독교 인류를 죽음과 고통과 죄악에서 건져내는 일. ¶ 인간의 영혼을 죄에서 구원하다. ㉥ 구증(救拯), 원구(援救), 구제(救濟).

하고

32. 주의 말씀을 그 사람과 그 집에 있는 모든 사람에게 전하더라.

33. 그 밤 그 시각에 간수가 그들을 데려다가 그 맞은 자리를 씻어 주고 자기와 그 온 가족이 다 세례를 받은 후

34. 그들을 데리고 자기 집에 올라가서 음식을 차려 주고 그와 온 집안이 하나님을 믿으므로 크게 기뻐하니라.

속뜻단어 풀이

- **시각 時刻** | 때 시, 새길 각 [time; hour] ① 속뜻 때[時]를 나타내기 위해 새긴[刻] 점. ② 시간의 어느 한 시점. ¶ 나는 현지 시각으로 오후 4시에 시카고에 도착했다.
- **가족 家族** | 집 가, 겨레 족 [family] ① 부부를 기초로 한 가정(家庭)을 이루는 사람들[族]. ② 가족제도에서 한 집의 친족. ¶ 동생이 태어나 가족이 늘었다. ㊐ 식구, 가속(家屬), 가솔(家率), 식솔(食率), 처자식(妻子息).

35. 날이 새매 상관들이 부하를 보내어 이 사람들을 놓으라 하니

36. 간수가 그 말대로 바울에게 말하되 상관들이 사람을 보내어 너희를 놓으라 하였으니 이제는 나가서 평안히 가라 하거늘

37. 바울이 이르되 로마 사람인 우리를 죄도 정하지 아니하고 공중 앞에서 때리고 옥에 가두었다가 이제는 가만히 내보내고자 하느냐? 아니라! 그들이

속뜻단어 풀이

- **상관 上官** | 위 상, 벼슬 관 [higher officer; chief] 주로 공무원 사회에서 어떤 사람보다 높은 자리[上]에 있는 관리(官吏). ¶ 상관의 명령에 복종하다. (비) 상사(上司), 상급자(上級者). (반) 부하(部下), 하관(下官).
- **공중 公衆** | 여럿 공, 무리 중 [general public] 여러 사람[公]의 무리[衆]. 일반 사람들. ¶ 공중 전화 / 공중 목욕탕.

친히 와서 우리를 데리고 나가야 하리라 한대
38. 부하들이 이 말을 상관들에게 보고하니 그들이 로마 사람이라 하는 말을 듣고 두려워하여
39. 와서 권하여 데리고 나가 그 성에서 떠나기를 청하니
40. 두 사람이 옥에서 나와 루디아의 집에 들어가서 형제들을 만나 보고 위로하고 가니라.

속뜻단어 풀이

- **부하 部下** | 거느릴 부, 아래 하 [subordinate; follower] 자기 수하(手下)에 거느리고[部] 있는 직원. ⓑ 상관(上官), 상사(上司).
- **위로 慰勞** | 달랠 위, 수고로울 로 [console; comfort] 수고로움[勞]이나 아픔을 달램[慰]. ¶ 어떻게 위로의 말씀을 드려야 할지 모르겠습니다 / 어머니는 기회가 또 있을 것이라며 나를 위로했다.

1. 제2차 선교여행에 즈음하여, 바울 일행의 선교 방향과 선교지 선택에 주도적인 역할을 한 것은 사도 바울 자신이 아니라 예수의 영(성령)이었다고 성경은 증언합니다(6-10절). 성령의 인도하심을 따라 마게도냐(유럽) 쪽으로 방향을 잡은 사도 바울이 그곳에서 전한 복음은 무엇이었나요?

주 예수를 ( )( )( ). 그리하면 너와 네 집이 ( )( )을 받으리라. (31절)

2. 바울 일행은 하나님의 뜻을 따라 빌립보 지역으로 갔는데, 그곳에서 감옥에 갇히는 등 많은 어려움을 겪습니다. 그러나 사도 바울과 일행 선교사들은 감옥 안에서도 기도하고 하나님을 찬송하면서 놀라운 기적을 경험하기도 했습니다(22-26절). 어떤 일을 하다가 고난을 겪게 되면 하나님의 뜻을 쉽게 의심하는 우리에게 이 사건이 주는 교훈은 무엇인지 생각해보고 부모님과도 함께 나누는 시간을 가져보십시오.

제17장

1. 그들이 암비볼리와 아볼로니아로 다녀가 데살로니가에 이르니 거기 유대인의 회당이 있는지라.

2. 바울이 자기의 관례대로 그들에게로 들어가서 세 안식일에 성경을 가지고 강론하며

3. 뜻을 풀어 그리스도가 해를 받고 죽은 자 가운데서 다시 살아나야 할 것을 증언하고 이르되 내가 너희에게

속뜻단어 풀이

- **관례 慣例** | 버릇 관, 본보기 례 [precedent; convention] 이전부터 지켜 내려와 관습(慣習)이 되어 버린 사례(事例). ¶ 악수는 오른손으로 하는 것이 관례다.
- **강:론 講論** | 익힐 강, 논할 론 [discuss; teach] 어떤 문제에 대하여 강설(講說)하고 토론(討論)함. ¶ 목사님이 교리를 강론했다.

전하는 이 예수가 곧 그리스도라 하니

4. 그 중의 어떤 사람 곧 경건한 헬라인의 큰 무리와 적지 않은 귀부인도 권함을 받고 바울과 실라를 따르나

5. 그러나 유대인들은 시기하여 저자의 어떤 불량한 사람들을 데리고 떼를 지어 성을 소동하게 하여 야손의 집에 침입하여 그들을 백성에게 끌어내려고 찾았으나

6. 발견하지 못하매 야손과 몇 형제들

속뜻단어 풀이

- **시기 猜忌** | 샘할 시, 미워할 기 [be jealous of; be envious of; envy] 시샘하여[猜] 미워함[忌]. ¶ 사람들은 그의 성공을 시기했다. ㉥ 샘, 질투.
- **불량 不良** | 아닐 불, 좋을 량 [bad; delinquent] ① 질이나 상태 따위가 좋지[良] 않음[不]. ¶ 불량 식품 / 이 음식점은 위생 상태가 불량하다. ② 품행이 좋지 않음. ¶ 불량 학생 / 자세가 불량하다.
- **침입 侵入** | 쳐들어갈 침, 들 입 [invade; raid into] 쳐들어[侵] 옴[入]. 또는 쳐들어감. ¶ 오랑캐의 침입으로 멸망하였다.

을 끌고 읍장들 앞에 가서 소리 질러
이르되 천하를 어지럽게 하던 이 사람
들이 여기도 이르매
7. 야손이 그들을 맞아 들였도다. 이
사람들이 다 가이사의 명을 거역하여
말하되 다른 임금 곧 예수라 하는 이
가 있다 하더이다 하니
8. 무리와 읍장들이 이 말을 듣고 소
동하여
9. 야손과 그 나머지 사람들에게 보석

속뜻단어 풀이

- **읍장 邑長** | 고을 읍, 어른 장 [the mayor of a town] 법률 지방 행정 구역인 읍의 우두머리. 읍의 행정 사무를 맡아서 처리한다.
- **거:역 拒逆** | 막을 거, 거스를 역 [protest; disobey] 윗사람의 뜻이나 명령을 어기어[拒] 거스름[逆]. ¶ 부모를 거역하고 집을 나갔다. ⓑ 순종(順從), 복종(服從).

금을 받고 놓아 주니라.
10. 밤에 형제들이 곧 바울과 실라를
베뢰아로 보내니 그들이 이르러 유대인
의 회당에 들어가니라.
11. 베뢰아에 있는 사람들은 데살로니
가에 있는 사람들보다 더 너그러워서
간절한 마음으로 말씀을 받고 이것이
그러한가 하여 날마다 성경을 상고하므
로
12. 그 중에 믿는 사람이 많고 또

속뜻단어 풀이

- **너그럽다 (寬, 너그러울 관)** [broad-minded; generous] 마음이 넓고 크다. ¶ 너그러운 성품. ㊥ 관대(寬大)하다. ㊦ 옹졸(壅拙)하다.
- **간절 懇切** | 정성 간, 절실할 절 [be eager; sincere] 정성스럽고[懇] 절실[切實]하다.
- **상고 相考** | 서로 상, 상고할 고 [search; examine] 서로 비교하여[相] 고찰함[考].

헬라의 귀부인과 남자가 적지 아니하나
13. 데살로니가에 있는 유대인들은 바울이 하나님의 말씀을 베뢰아에서도 전하는 줄을 알고 거기도 가서 무리를 움직여 소동하게 하거늘
14. 형제들이 곧 바울을 내보내어 바다까지 가게 하되 실라와 디모데는 아직 거기 머물더라.
15. 바울을 인도하는 사람들이 그를 데리고 아덴까지 이르러 그에게서 실라

속뜻단어 풀이

- **소동 騷動** | 떠들 소, 움직일 동 [disturbance; agitation] 여럿이 떠들고[騷] 난리를 피움[動]. 여럿이 떠들어 댐. ¶ 건물에 불이나 한바탕 소동이 벌어졌다.
- **인도 引導** | 끌 인, 이끌 도 [guidance] ① 속뜻 이끌어[引=導] 줌. ② 가르쳐 일깨움. ¶ 그는 비행청소년을 바른 길로 인도했다. ③ 길을 안내함.

와 디모데를 자기에게로 속히 오게 하라는 명령을 받고 떠나니라.

16. 바울이 아덴에서 그들을 기다리다가 그 성에 우상이 가득한 것을 보고 마음에 격분하여

17. 회당에서는 유대인과 경건한 사람들과 또 장터에서는 날마다 만나는 사람들과 변론하니

18. 어떤 에피쿠로스와 스토아 철학자들도 바울과 쟁론할새 어떤 사람은 이

속뜻단어 풀이

- **철학 哲學** | 밝을 철, 배울 학 [philosophy; world view] ① 속뜻 인간과 삶의 원리와 본질 따위를 밝히는[哲] 학문(學問). 흔히 인식, 존재, 가치의 세 기준에 따라 하위 분야를 나눈다. ¶ 동양 철학을 공부하다. ② 투철한 인생관이나 가치관. ¶ 나에게는 나대로의 철학이 있다.
- **쟁론 爭論** | 다툴 쟁, 논할 론 [dispute; have a quarrel] 서로 다투어[爭] 논박함[論]. 또는 논박(論駁)하는 그 이론(理論). ㉥ 쟁변(爭辯).

르되 이 말쟁이가 무슨 말을 하고자
하느냐 하고 어떤 사람은 이르되 이방
신들을 전하는 사람인가보다 하니 이는
바울이 예수와 부활을 전하기 때문이러
라.
19. 그를 붙들어 아레오바고로 가며
말하기를 네가 말하는 이 새로운 가르
침이 무엇인지 우리가 알 수 있겠느냐?
20. 네가 어떤 이상한 것을 우리 귀
에 들려주니 그 무슨 뜻인지 알고자

속뜻단어 풀이

- **말쟁이** [babbler] 수다쟁이. 말이 많은 사람.
- **부:활 復活** | 다시 부, 살 활 [revive; resurrect] ① 속뜻 죽었다가 다시[復] 살아남[活]. ¶ 예수의 부활. ② 없어졌던 것이 다시 생김. ¶ 교복 착용 제도의 부활.

하노라 하니
21. 모든 아덴 사람과 거기서 나그네
된 외국인들이 가장 새로운 것을 말하
고 듣는 것 이외에는 달리 시간을 쓰
지 않음이더라.
22. 바울이 아레오바고 가운데 서서
말하되 아덴 사람들아 너희를 보니 범
사에 종교심이 많도다.
23. 내가 두루 다니며 너희가 위하는
것들을 보다가 알지 못하는 신에게라고

속뜻단어 풀이

• **달리** [differently; especially] 다르게. ¶ 달리 방법이 없다. ⓑ반 똑같이.

새긴 단도 보았으니 그런즉 너희가 알지 못하고 위하는 그것을 내가 너희에게 알게 하리라.

24. 우주와 그 가운데 있는 만물을 지으신 하나님께서는 천지의 주재시니 손으로 지은 전에 계시지 아니하시고

25. 또 무엇이 부족한 것처럼 사람의 손으로 섬김을 받으시는 것이 아니니 이는 만민에게 생명과 호흡과 만물을 친히 주시는 이심이라.

속뜻단어 풀이

- **범:사 凡事** | 무릇 범, 일 사 [all matters; common affair] ① 속뜻 모든[凡] 일[事]. ¶ 범사에 감사하라. ② 평범한 일. ¶ 일상 범사가 똑같이 되풀이 되었다.
- **종교심 宗教心** | 마루 종, 가르칠 교, 마음 심 [religious mind] 신이나 초월자를 숭배하는[宗教] 마음[心].
- **주재 主宰** | 주될 주, 맡을 재 [chair; supervise] 어떤 일을 중심이 되어[主] 맡아함[宰]. 또는 그 사람. ¶ 대통령 주재로 긴급회의가 열렸다 / 우주를 주재하는 존재. ㊥ 주장(主張).
- **호흡 呼吸** | 내쉴 호, 마실 흡 [breath; time] ① 속뜻 숨을 내쉬고[呼] 들여 마심[吸]. 또는 그 숨. ¶ 입으로 호흡하다. ② 두 사람 이상이 함께 일할 때의 서로의 마음. ¶ 호흡이 잘 맞다. ③ 생물 생물이 몸 밖에서 산소를 들이마시고 신진 대사로 생긴 탄산가스를 밖으로 내보내는 작용. ㊥ 숨, 장단.

26. 인류의 모든 족속을 한 혈통으로 만드사 온 땅에 살게 하시고 그들의 연대를 정하시며 거주의 경계를 한정하셨으니

27. 이는 사람으로 혹 하나님을 더듬어 찾아 발견하게 하려 하심이로되 그는 우리 각 사람에게서 멀리 계시지 아니하도다.

28. 우리가 그를 힘입어 살며 기동하며 존재하느니라. 너희 시인 중 어떤

속뜻단어 풀이

- **혈통 血統** | 피 혈, 계통 통 [blood; lineage] 같은 핏줄[血]을 타고난 겨레붙이의 계통(繼統). 조상과의 혈연관계. ¶ 그는 영국 귀족의 혈통이다.
- **발견 發見** | 드러낼 발, 볼 견 [discover] 남이 미처 찾아내지 못하였거나 세상에 널리 알려지지 않은 것을 먼저 드러내[發] 보임[見]. ¶ 콜럼버스는 아메리카 대륙을 발견했다.
- **기동 起動** | 일어날 기, 움직일 동 [move; stir] 몸을 일으켜[起] 움직임[動]. ¶ 허리를 다쳐 기동이 불편하다.

사람들의 말과 같이 우리가 그의 소생
이라 하니
29. 이와 같이 하나님의 소생이 되었
은즉 하나님을 금이나 은이나 돌에다
사람의 기술과 고안으로 새긴 것들과
같이 여길 것이 아니니라.
30. 알지 못하던 시대에는 하나님이
간과하셨거니와 이제는 어디든지 사람에
게 다 명하사 회개하라 하셨으니
31. 이는 정하신 사람으로 하여금 천

속뜻단어 풀이

- **고안 考案** | 생각할 고, 안건 안 [device; contrivance] 새로운 방안(方案)을 생각해[考] 냄. 또는 그 안. ¶ 새로운 방법을 고안하다.
- **간과 看過** | 볼 간, 지날 과 [overlook] ① 속뜻 대강 보아[看] 넘김[過]. ② 관심 없이 예사로이 보아 내버려 둠. ¶ 이 문제는 간과할 일이 아니다.

하를 공의로 심판할 날을 작정하시고
이에 그를 죽은 자 가운데서 다시 살
리신 것으로 모든 사람에게 믿을 만한
증거를 주셨음이니라 하니라.
32. 그들이 죽은 자의 부활을 듣고
어떤 사람은 조롱도 하고 어떤 사람은
이 일에 대하여 네 말을 다시 듣겠다
하니
33. 이에 바울이 그들 가운데서 떠나
매

속뜻단어 풀이

- **공의 公義** | 공평할 공, 옳을 의 [righteousness; justice] 공평하고[公] 옳음[義].
- **조롱 嘲弄** | 비웃을 조, 희롱할 롱 [ridicule; laugh at] 비웃거나[嘲] 깔보면서 놀림[弄].

34. 몇 사람이 그를 가까이하여 믿으니 그 중에는 아레오바고 관리 디오누시오와 다마리라 하는 여자와 또 다른 사람들도 있었더라.

속뜻단어 풀이

• **관리 官吏** | 벼슬 관, 벼슬아치 리 [government official] 관직(官職)에 있는 사람[吏]. ¶ 그 관리는 원님만 믿고 위세를 부렸다.

1. 바울 사도는 가는 곳마다 복음의 방해자를 만납니다(5-9절). 그러나 베뢰아 사람들처럼 복음에 대해 바람직한 반응을 보이는 사람들도 있습니다. 그들에게서 배우는 올바른 자세는 무엇인가요? (11절)

2. 그는 계속해서 성령의 인도를 받으며 아덴에까지 와서 복음을 전하고 있습니다. 그가 전하는 하나님은 어떤 분(22-27절)이신가요? 또한, 천지의 창조주이신 하나님이 모든 인류에게 원하시는 뜻(28-31절)은 무엇입니까?

제 18 장

1. 그 후에 바울이 아덴을 떠나 고린도에 이르러

2. 아굴라라 하는 본도에서 난 유대인 한 사람을 만나니 글라우디오가 모든 유대인을 명하여 로마에서 떠나라 한 고로 그가 그 아내 브리스길라와 함께 이달리아로부터 새로 온지라 바울이 그들에게 가매

3. 생업이 같으므로 함께 살며 일을

속뜻단어 풀이

- **유대인 Judea-人** | 사람 인 [Jew, the Jews] 유대(Judea) 지역의 사람들[人]. 고대에는 팔레스타인에 거주하였고, 로마 제국에 의하여 예루살렘이 파괴되자 세계 각지에 흩어져 살다가, 1948년에 다시 팔레스타인에 이스라엘을 세워 살고 있다. 히브리 어를 사용하고 유대교를 믿는다. ㉥ 유태인, 이스라엘 인.
- **생업 生業** | 살 생, 일 업 [occupation; profession] 살아가기[生] 위하여 하는 일[業]. ¶ 어업을 생업으로 삼다. ㉥ 소업(所業), 직업(職業)

하니 그 생업은 천막을 만드는 것이더라.

4. 안식일마다 바울이 회당에서 강론하고 유대인과 헬라인을 권면하니라.

5. 실라와 디모데가 마게도냐로부터 내려오매 바울이 하나님의 말씀에 붙잡혀 유대인들에게 예수는 그리스도라 밝히 증언하니

6. 그들이 대적하여 비방하거늘 바울이 옷을 털면서 이르되 너희 피가 너희

속뜻단어 풀이

- **권면 勸勉** | 권할 권, 힘쓸 면 [encouragement] 알아듣도록 권(勸)하고 격려하여 힘쓰게[勉] 함.
- **대:적 對敵** | 대할 대, 원수 적 [facing[fighting] against; confrontation] ① 속뜻 적(敵)을 마주 대(對)함. 적과 맞섬. ② 서로 맞서 겨룸. ¶ 저 선수를 대적할 사람은 없다.
- **비방 誹謗** | 헐뜯을 비, 헐뜯을 방 [slander, slander, malign] 남을 비웃고 헐뜯어서 말함.

머리로 돌아갈 것이요 나는 깨끗하니라.
이 후에는 이방인에게로 가리라 하고
7. 거기서 옮겨 하나님을 경외하는 디
도 유스도라 하는 사람의 집에 들어가
니 그 집은 회당 옆이라.
8. 또 회당장 그리스보가 온 집안과
더불어 주를 믿으며 수많은 고린도 사
람도 듣고 믿어 세례를 받더라.
9. 밤에 주께서 환상 가운데 바울에게
말씀하시되 두려워하지 말며 침묵하지

속뜻단어 풀이

- **경외 敬畏** | 공경할 경, 두려워할 외 [awe; dread] 공경(恭敬)하고 두려워함[畏].
- **침묵 沈默** | 침울할 침, 입 다물 묵 [hold one's tongue; be silent] 흥분 따위를 가라앉히고[沈] 입을 다물고[默] 있음. ¶ 그들 사이에 어색한 침묵이 흘렀다 / 그녀는 잠시 동안 침묵했다.

말고 말하라.

10. 내가 너와 함께 있으매 어떤 사람도 너를 대적하여 해롭게 할 자가 없을 것이니 이는 이 성중에 내 백성이 많음이라 하시더라.

11. 일 년 육 개월을 머물며 그들 가운데서 하나님의 말씀을 가르치니라.

12. 갈리오가 아가야 총독 되었을 때에 유대인이 일제히 일어나 바울을 대적하여 법정으로 데리고 가서

속뜻단어 풀이

- **총:독 總督** | 거느릴 총, 살필 독 [governor-general; viceroy] 하위 조직을 거느리고[總] 감독(監督)함. 또는 그런 사람.
- **일제-히 一齊-** | 한 일, 가지런할 제 [all at once] 여럿이 가지런하게[一齊]에. 한꺼번에. ¶ 일제히 애국가를 제창하였다.
- **법정 法廷** | =法庭. 법 법, 관청 정 [law court] 법관(法官)이 재판을 행하는 관청[廷]. ¶ 법정에서 진술하다. ㊥ 재판정(裁判廷).

13. 말하되 이 사람이 율법을 어기면서 하나님을 경외하라고 사람들을 권한다 하거늘

14. 바울이 입을 열고자 할 때에 갈리오가 유대인들에게 이르되 너희 유대인들아! 만일 이것이 무슨 부정한 일이나 불량한 행동이 있으면 내가 너희 말을 들어 주는 것이 옳거니와

15. 만일 문제가 언어와 명칭과 너희 법에 관한 것이면 너희가 스스로 처리

속뜻단어 풀이

- **부정 不淨** | 아닐 부, 깨끗할 정 [unclean; dirty] ① 속뜻 깨끗하지[淨] 못함[不]. 더러움. ② 사람이 죽는 따위의 불길한 일. ¶ 부정이 들다. ③ 민속 무당 굿에서 신들을 청하기 전에 부정한 것을 깨끗이 하는 것. ㊥ 부정풀이.
- **명칭 名稱** | 이름 명, 일컬을 칭 [name; title] 사물을 일컫는[稱] 이름[名]. ㊥ 명호(名號), 명목(名目), 호칭(呼稱).
- **처:리 處理** | 처방할 처, 다스릴 리 [manage; treat; handle] ① 속뜻 처방(處方)하여 잘 다스림[理]. ② 정리하여 치우거나 마무리를 지음. ¶ 일을 적당히 처리해서는 안 된다. ③ 어떤 결과를 얻으려고 화학적 · 물리적 작용을 일으킴. ¶ 천장을 물이 새지 않게 처리했다.

하라 나는 이러한 일에 재판장 되기를
원하지 아니하노라 하고
16. 그들을 법정에서 쫓아내니
17. 모든 사람이 회당장 소스데네를
잡아 법정 앞에서 때리되 갈리오가 이
일을 상관하지 아니하니라.
18. 바울은 더 여러 날 머물다가 형
제들과 작별하고 배 타고 수리아로 떠
나갈새 브리스길라와 아굴라도 함께 하
더라. 바울이 일찍이 서원이 있었으므

속뜻단어 풀이

- **상관 相關** | 서로 상, 관계할 관 [be related to; meddle] ① 속뜻 서로[相] 관련(關聯)을 가짐. 또는 그 관련. ¶ 그 일이 당신과 무슨 상관이 있나요? ② 남의 일에 간섭함. ¶ 그가 언제 떠나든 상관을 하지 않겠다. / 그는 절대로 친구의 일에 상관하지 않는다.
- **작별 作別** | 지을 작, 나눌 별 [take leave; bid farewell] 이별(離別)을 함[作]. 이별의 인사를 나눔. ¶ 작별 인사 / 친구와 작별하고 기차에 올랐다. ⓑ 상봉(相逢).
- **서원 誓願** | 맹세할 서, 원할 원 [vow; pledge; oath] 자기가 하고자 하는 일을 신에게 맹세하고[誓] 그것이 이루어지기를 기원(祈願)함. 또는 그 기원.

로 겐그레아에서 머리를 깎았더라.
19. 에베소에 와서 그들을 거기 머물
게 하고 자기는 회당에 들어가서 유대
인들과 변론하니
20. 여러 사람이 더 오래 있기를 청
하되 허락하지 아니하고
21. 작별하여 이르되 만일 하나님의
뜻이면 너희에게 돌아오리라 하고 배를
타고 에베소를 떠나
22. 가이사랴에 상륙하여 올라가 교회

속뜻단어 풀이

- **변:론 辯論** | 말 잘할 변, 말할 론 [discuss; argue; debate] ① 속뜻 변호(辯護)하는 말을 함[論]. ② 사리를 밝혀 옳고 그름을 따짐. ③ 법률 소송 당사자나 변호인이 법정에서 주장하거나 진술함. 또는 그런 진술. ¶ 피고를 위해 변론하다.
- **상:륙 上陸** | 위 상, 뭍 륙 [land] 배에서 뭍으로[陸] 오름[上]. ¶ 맥아더 장군은 인천에 상륙했다.

의 안부를 물은 후에 안디옥으로 내려
가서
23. 얼마 있다가 떠나 갈라디아와 브
루기아 땅을 차례로 다니며 모든 제자
를 굳건하게 하니라.
24. 알렉산드리아에서 난 아볼로라 하
는 유대인이 에베소에 이르니 이 사람
은 언변이 좋고 성경에 능통한 자라.
25. 그가 일찍이 주의 도를 배워 열
심으로 예수에 관한 것을 자세히 말하

속뜻단어 풀이

- **안부 安否** | 편안할 안, 아닐 부 [safety] 어떤 사람이 편안(便安)하게 잘 지내는지 그렇지 아니한지[否]에 대한 소식. 또는 인사로 그것을 전하거나 묻는 일. ¶ 안부를 묻다 / 부모님께 안부 전해 주세요.
- **언변 言辯** | 말씀 언, 말 잘할 변 [oratorical talent] 말[言]을 잘하는[辯] 재주. ⓑ 말솜씨, 구담(口談), 구변(口辯).

며 가르치나 요한의 세례만 알 따름이라.

26. 그가 회당에서 담대히 말하기 시작하거늘 브리스길라와 아굴라가 듣고 데려다가 하나님의 도를 더 정확하게 풀어 이르더라.

27. 아볼로가 아가야로 건너가고자 함으로 형제들이 그를 격려하며 제자들에게 편지를 써 영접하라 하였더니 그가 가매 은혜로 말미암아 믿은 자들에게

속뜻단어 풀이

- **담대히 膽大-** | 쓸개 담, 큰 대 [boldly] 겁이 없고 배짱이 두둑하게.
- **격려 激勵** | 격할 격, 힘쓸 려 [encourage] 남의 용기나 의욕을 북돋워 격(激)하게 힘쓰도록[勵] 함. ¶ 선수를 격려하다. ㉥ 고무(鼓舞), 고취(鼓吹).

많은 유익을 주니

28. 이는 성경으로써 예수는 그리스도라고 증언하여 공중 앞에서 힘있게 유대인의 말을 이김이러라.

속뜻단어 풀이

- **증언 證言** | 증거 증, 말씀 언 [testify; attest] 법률 증인(證人)으로서 사실을 말함[言]. 또는 그런 말. ¶ 목격자의 증언을 듣다 / 범인은 붉은 셔츠를 입었다고 증언했다.
- **공중 公衆** | 여럿 공, 무리 중 [general public] 여러 사람[公]의 무리[衆]. 일반 사람들. ¶ 공중 전화 / 공중 목욕탕.

1. 바울 사도는 이제 고린도에서 전도하는 동안 자신을 비난하는 많은 반대자들에 둘러싸여 있음에도 불구하고, 그곳에서 1년 6개월이나 머물렀습니다(11절). 그 이유가 무엇이었는지 -예수님이 환상 가운데서 바울에게 나타나 하신 말씀을 통하여- 생각해보세요(9-10절).

밤에 주께서 환상 가운데 바울에게 말씀하시되, ( )( )( )하지 말며
침묵하지 말고 ( )하라. 내가 너와 함께 있으매 어떤 사람도 너를 ( )( )하여
해롭게 할 자가 없을 것이니, 이는 이 성중에 내 ( )( )이 많음이라 하시더라.

2. 바울 일행은 에베소 지역에 잠시 들른 후 안디옥(선교본부)으로 복귀하면서 제 2차 선교여행을 마무리합니다(22절). 그 사이 에베소에서는 브리스길라와 아굴라 부부에게 복음을 전해 들은 아볼로라는 사람이 성경강해를 통하여 많은 교인들에게 유익을 끼치게 되는데, 그가 가르친 주요 내용은 무엇이었나요? (24-28절)

제19장

1. 아볼로가 고린도에 있을 때에 바울이 윗지방으로 다녀 에베소에 와서 어떤 제자들을 만나

2. 이르되 너희가 믿을 때에 성령을 받았느냐 이르되 아니라. 우리는 성령이 계심도 듣지 못하였노라.

3. 바울이 이르되 그러면 너희가 무슨 세례를 받았느냐? 대답하되 요한의 세례니라.

속뜻단어 풀이

- **지방 地方** | 땅 지, 모 방 [area, region, district, zone] ① 어느 방면(方面)의 땅 ② 서울 이외(以外)의 지역(地域)
- **성:령 聖靈** | 성스러울 성, 신령 령 [Holy Spirit] ① 속뜻 성(聖)스러운 신령(神靈). ② 기독교 성삼위 중의 하나인 하나님의 영을 이르는 말. ¶ 성령의 힘을 받았다.

년 월 일

4. 바울이 이르되 요한이 회개의 세례를 베풀며 백성에게 말하되 내 뒤에 오시는 이를 믿으라 하였으니 이는 곧 예수라 하거늘

5. 그들이 듣고 주 예수의 이름으로 세례를 받으니

6. 바울이 그들에게 안수하매 성령이 그들에게 임하시므로 방언도 하고 예언도 하니

7. 모두 열두 사람쯤 되니라.

속뜻단어 풀이

- **방언 方言** | 모 방, 말씀 언 [dialect word] ① 언어 표준어와 달리 어떤 지역이나 지방(地方)에서만 쓰이는 특유한 언어(言語). ¶ 함경도 방언은 알아듣기 어렵다. ② 기독교 성령을 받은 신자가 늘어놓는 뜻을 알 수 없는 말. ㊐ 사투리. ㊥ 표준어(標準語).
- **예:언 豫言** | =預言, 미리 예, 말씀 언 [prophecy; prediction] ① 속뜻 미리[豫] 하는 말[言]. ② 미래에 일어날 일을 미리 알아서 말하는 것. 또는 그런 말. ¶ 점쟁이의 예언이 빗나갔다.

8. 바울이 회당에 들어가 석 달 동안 담대히 하나님 나라에 관하여 강론하며 권면하되

9. 어떤 사람들은 마음이 굳어 순종하지 않고 무리 앞에서 이 도를 비방하거늘 바울이 그들을 떠나 제자들을 따로 세우고 두란노 서원에서 날마다 강론하니라.

10. 두 해 동안 이같이 하니 아시아에 사는 자는 유대인이나 헬라인이나

속뜻단어 풀이

- **비방 誹謗** | 헐뜯을 비, 헐뜯을 방 [slander; abuse] 남을 헐뜯음[誹=謗]. 나쁘게 말함. ¶ 온갖 비방과 욕설을 서슴지 않다.
- **서원 誓願** | 맹세할 서, 원할 원 [vow; pledge; oath] 자기가 하고자 하는 일을 신에게 맹세하고[誓] 그것이 이루어지기를 기원(祈願)함. 또는 그 기원.

다 주의 말씀을 듣더라.
11. 하나님이 바울의 손으로 놀라운
능력을 행하게 하시니
12. 심지어 사람들이 바울의 몸에서
손수건이나 앞치마를 가져다가 병든 사
람에게 얹으면 그 병이 떠나고 악귀도
나가더라.
13. 이에 돌아다니며 마술하는 어떤
유대인들이 시험삼아 악귀 들린 자들에
게 주 예수의 이름을 불러 말하되 내

속뜻단어 풀이

- **능력 能力** | 능할 능, 힘 력 [ability; capacity] 어떤 일을 해낼 수 있는[能] 힘[力]. ¶ 능력을 기르다 / 능력을 발휘하다. ㊥ 깜냥, 역량(力量).
- **악귀 惡鬼** | 악할 악, 귀신 귀 [evil spirit; demon] ① 속뜻 악독(惡毒)한 귀신(鬼神). ② 악독한 행동을 하는 사람을 속되게 이르는 말.

가 바울이 전파하는 예수를 의지하여
너희에게 명하노라 하더라.

14. 유대의 한 제사장 스게와의 일곱
아들도 이 일을 행하더니

15. 악귀가 대답하여 이르되 내가 예
수도 알고 바울도 알거니와 너희는 누
구냐 하며

16. 악귀 들린 사람이 그들에게 뛰어
올라 눌러 이기니 그들이 상하여 벗은
몸으로 그 집에서 도망하는지라.

속뜻단어 풀이

- **전파 傳播** | 전할 전, 뿌릴 파 [spread; propagate] ① 속뜻 전(傳)하여 널리 퍼뜨림[播]. ¶ 또 복음이 먼저 만국에 전파되어야 할 것이니라. ② 물리 파동이 매질 속을 퍼져 가는 일.
- **의지 依支** | 기댈 의, 버틸 지 [lean on] ① 속뜻 다른 것에 기대어[依] 몸을 지탱(支撑)함. 또는 그렇게 하는 대상. ¶ 문기둥을 의지하여 간신히 서 있다 / 할머니는 지팡이에 의지하여 걸었다. ② 다른 것에 마음을 기대어 도움을 받음. 또는 그렇게 하는 대상. ¶ 언니는 나에게 큰 의지가 되었다 / 의지할 수 있는 사람이 필요하다.

17. 에베소에 사는 유대인과 헬라인들이 다 이 일을 알고 두려워하며 주 예수의 이름을 높이고

18. 믿은 사람들이 많이 와서 자복하여 행한 일을 알리며

19. 또 마술을 행하던 많은 사람이 그 책을 모아 가지고 와서 모든 사람 앞에서 불사르니 그 책 값을 계산한즉 은 오만이나 되더라.

20. 이와 같이 주의 말씀이 힘이 있

속뜻단어 풀이

- **자복 自服** | 스스로 자, 복종할 복 [confess] ① 스스로[自] 복종(服從)함. ② 친고죄에 있어서, 고소권을 가진 피해자에게 자발적으로 자기의 범죄 사실을 인정하는 일.
- **계:산 計算** | 셀 계, 셀 산 [calculate; reckon] ① 속뜻 수량을 셈[計=算]. ② 수학 식을 연산(演算)하여 수치를 구하는 것. ¶ 거스름돈을 잘 계산해 보았다.

어 흥왕하여 세력을 얻으니라.
21. 이 일이 있은 후에 바울이 마게
도냐와 아가야를 거쳐 예루살렘에 가기
로 작정하여 이르되 내가 거기 갔다가
후에 로마도 보아야 하리라 하고
22. 자기를 돕는 사람 중에서 디모데
와 에라스도 두 사람을 마게도냐로 보
내고 자기는 아시아에 얼마 동안 더
있으니라.
23. 그 때쯤 되어 이 도로 말미암아

속뜻단어 풀이

- **흥왕 興旺** | 일어날 흥, 성할 왕 [flourish; prosper] 흥(興)하고 왕성(旺盛)함
- **세:력 勢力** | **권세 세, 힘 력** [influence; power] ① 속뜻 권세(權勢)의 힘[力]. ¶ 세력을 떨치다 / 세력을 얻다. ② 어떤 속성이나 힘을 가진 집단. ③ 물리 일을 하는 데에 드는 힘.

적지 않은 소동이 있었으니

24. 즉 데메드리오라 하는 어떤 은장색이 은으로 아데미의 신상 모형을 만들어 직공들에게 적지 않은 벌이를 하게 하더니

25. 그가 그 직공들과 그러한 영업하는 자들을 모아 이르되 여러분도 알거니와 우리의 풍족한 생활이 이 생업에 있는데

26. 이 바울이 에베소뿐 아니라 거의

속뜻단어 풀이

- **직공 職工** | 일 직, 장인 공 [worker] ① 속뜻 자기 손 기술로 물건을 만드는 일[職]을 업으로 하는 장인[工] 같은 사람. ② 공장에서 일하는 사람. ¶ 인쇄소 직공들은 열심히 일했다.
- **영업 營業** | 꾀할 영, 일 업 [do business] 이익을 꾀하는[營] 것을 목적으로 하는 사업(事業). 또는 그런 행위. ¶ 영업사원 / 오늘은 10시까지 영업합니다.
- **풍족 豊足** | 풍성할 풍, 넉넉할 족 [be plentiful] 풍성(豊盛)하고 넉넉하다[足].

전 아시아를 통하여 수많은 사람을 권유하여 말하되 사람의 손으로 만든 것들은 신이 아니라 하니 이는 그대들도 보고 들은 것이라.

27. 우리의 이 영업이 천하여질 위험이 있을 뿐 아니라 큰 여신 아데미의 신전도 무시 당하게 되고 온 아시아와 천하가 위하는 그의 위엄도 떨어질까 하노라 하더라.

28. 그들이 이 말을 듣고 분노가 가

속뜻단어 풀이

- **신전 神殿** | 귀신 신, 대궐 전 [shrine] 신령(神靈)을 모신 전각(殿閣). ¶ 파르테논 신전은 아테네 여신을 모신 곳이다.
- **무시 無視** | 없을 무, 볼 시 [disregard; neglect] ① 속뜻 보아[視] 주지 아니함[無]. ② 사물의 존재 의의나 가치를 알아주지 아니함. ¶ 무시하지 못하다 / 신호를 무시하고 달리다. ③ 사람을 업신여김. ¶ 그에게 무시를 당하다 / 동생이 나를 무시했다.
- **위엄 威嚴** | 두려워할 위, 엄할 엄 [dignity; majesty; stateliness] ① 속뜻 두려움[威]과 엄(嚴)한 느낌을 받게 함. ② 존경할 만한 위세가 있고 엄숙함. 또는 그런 모습이나 태도. ¶ 하나님은 주권과 위엄을 가지셨고 높은 곳에서 화평을 베푸시느니라.

독하여 외쳐 이르되 크다 에베소 사람의 아데미여 하니

29. 온 시내가 요란하여 바울과 같이 다니는 마게도냐 사람 가이오와 아리스다고를 붙들어 일제히 연극장으로 달려 들어가는지라.

30. 바울이 백성 가운데로 들어가고자 하나 제자들이 말리고

31. 또 아시아 관리 중에 바울의 친구된 어떤 이들이 그에게 통지하여 연

속뜻단어 풀이

- **요란 擾亂** | 어지러울 요, 어지러울 란 [be noisy] ① 정도가 지나쳐 어수선하고 어지러움. ② 시끄럽고 떠들썩함.
- **통지 通知** | 다닐 통, 알 지 [inform; notify] 다니며[通] 알림[知]. 알려 줌. ¶ 집주인은 방을 비우라고 통지했다. ㉥ 통기(通寄), 통달(通達).

극장에 들어가지 말라 권하더라.

32. 사람들이 외쳐 어떤 이는 이런 말을, 어떤 이는 저런 말을 하니 모인 무리가 분란하여 태반이나 어찌하여 모였는지 알지 못하더라.

33. 유대인들이 무리 가운데서 알렉산더를 권하여 앞으로 밀어내니 알렉산더가 손짓하며 백성에게 변명하려 하나

34. 그들은 그가 유대인인 줄 알고 다 한 소리로 외쳐 이르되 크다 에베

속뜻단어 풀이

- **분란 紛亂** | 어수선할 분, 어지러울 란 [be in confusion] 어수선하고[紛] 떠들썩함[亂]. ¶ 의견 차이로 반에 분란이 생겼다.
- **태반 殆半** | 거의 태, 반 반 [nearly half] 절반(折半)에 가까움[殆]. 거의 절반. ¶ 무더운 날씨로 음식이 태반이나 상했다.
- **변:명 辨明** | 가릴 변, 밝을 명 [explain oneself; make an excuse] ① 속뜻 옳고 그름을 가리어[辨] 사리를 밝힘[明]. ¶ 변명의 상소를 하다. ② 자신의 잘못이나 실수에 대하여 구실을 대며 그 까닭을 말함. ¶ 변명을 늘어놓다.

소 사람의 아데미여 하기를 두 시간이
나 하더니
35. 서기장이 무리를 진정시키고 이르
되 에베소 사람들아 에베소 시가 큰
아데미와 제우스에게서 내려온 우상의
신전지기가 된 줄을 누가 알지 못하겠
느냐?
36. 이 일이 그렇지 않다 할 수 없
으니 너희가 가만히 있어서 무엇이든지
경솔히 아니하여야 하리라.

속뜻단어 풀 이

- **진정 鎭定** | 누를 진, 정할 정 [suppress; repress] 반대하는 세력이나 기세를 억눌러[鎭] 안정(安定)시킴.
- **경솔 輕率** | 가벼울 경, 거칠 솔 [frivolity; flippancy] 언행이 가볍고[輕] 거칠다[率]. ¶ 경솔하게 행동하다. ㉥ 경망(輕妄), 경박(輕薄). ㉤ 신중(愼重).

37. 신전의 물건을 도둑질하지도 아니하였고 우리 여신을 비방하지도 아니한 이 사람들을 너희가 붙잡아 왔으니

38. 만일 데메드리오와 그와 함께 있는 직공들이 누구에게 고발할 것이 있으면 재판 날도 있고 총독들도 있으니 피차 고소할 것이요

39. 만일 그 외에 무엇을 원하면 정식으로 민회에서 결정할지라.

40. 오늘 아무 까닭도 없는 이 일에

속뜻단어 풀이

- **고:발 告發** | 알릴 고, 드러낼 발 [complain] ① 속뜻 잘못이나 비리 따위를 알려[告] 드러냄[發]. ② 피해자나 고소권자가 아닌 제삼자가 수사 기관에 범죄 사실을 신고하여 수사 및 범인의 기소를 요구하는 일. ¶ 경찰에 사기꾼을 고발하다.
- **고:소 告訴** | 알릴 고, 하소연할 소 [accuse; complaint] ① 속뜻 알려서[告] 하소연함[訴]. ② 법률 범죄의 피해자나 그 법정 대리인이 수사기관에 범죄 사실을 신고하여 수사 및 범인의 소추를 요구함. ¶ 명예훼손으로 고소하다 / 고소를 취하하다. ⓑ 고발(告發).
- **민회 民會** | 백성 민, 모일 회 [comitia] 고대 그리스 · 로마의 도시 국가에 있었던 정기적인 시민(市民) 총회(總會).

우리가 소요 사건으로 책망 받을 위험이 있고 우리는 이 불법 집회에 관하여 보고할 자료가 없다 하고 41. 이에 그 모임을 흩어지게 하니라

속뜻단어 풀이

- **소요 騷擾** | 떠들 소, 어지러울 요 [disturbance; disorder] ① 속뜻 떠들썩하고[騷] 어지러움[擾]. 또는 소란스러운 일. ② 많은 사람이 들고 일어나서 소란을 피우며 사회 질서를 어지럽히는 일. ¶ 태국 방콕에서 소요 사태가 벌어졌다.
- **책망 責望** | 꾸짖을 책, 바랄 망 [scold; reproach] 잘못을 들어 꾸짖고[責] 원망(怨望)함. 또는 그 일. ¶ 어머니는 친구와 싸운 아들을 심하게 책망하셨다.
- **자료 資料** | 밑천 자, 거리 료 [data] 무엇을 하기 위한 밑천[資]이나 바탕이 되는 재료(材料). 특히 연구나 조사 등의 바탕이 되는 재료. ¶ 연구 자료 / 그녀는 소설을 쓰기 위해 자료를 수집하고 있다.

1. 이제 바울은 지난 2차 선교의 마지막 방문지였던 에베소를 시작으로 제3차 선교를 계속합니다. 그곳에서 2년이란 긴 기간에 걸쳐 복음을 전하며 성경을 강론하던 학교의 이름은 무엇입니까? (8-9절)

2. 사도바울이 에베소에 머물면서 로마 선교에 대한 비전을 품을 즈음, 에베소에서는 큰 소동과 박해가 일어나게 됩니다(23-41절). 데메드리오라는 사람이 그 소동을 일으킨 이유는 무엇이었는지 찾아보고, 오늘날 사람들이 예수님과 복음을 반대하는 이유는 무엇일지 생각해봅시다. (26-27절)

제 20 장

1. 소요가 그치매 바울은 제자들을 불러 권한 후에 작별하고 떠나 마게도냐로 가니라.

2. 그 지방으로 다녀가며 여러 말로 제자들에게 권하고 헬라에 이르러

3. 거기 석 달 동안 있다가 배 타고 수리아로 가고자 할 그 때에 유대인들이 자기를 해하려고 공모하므로 마게도냐를 거쳐 돌아가기로 작정하니

속뜻단어 풀이

- **작별 作別** | 지을 작, 나눌 별 [take leave; bid farewell] 이별(離別)을 함[作]. 이별의 인사를 나눔. ¶ 작별 인사 / 친구와 작별하고 기차에 올랐다. ⓑ 상봉(相逢).
- **공모 共謀** | 함께 공, 꾀할 모 [joint conspiracy] 함께[共] 일을 꾸밈[謀]. '공동 모의'(共同謀議)의 준말.

4. 아시아까지 함께 가는 자는 베뢰아 사람 부로의 아들 소바더와 데살로니가 사람 아리스다고와 세군도와 더베 사람 가이오와 및 디모데와 아시아 사람 두기고와 드로비모라.

5. 그들은 먼저 가서 드로아에서 우리를 기다리더라.

6. 우리는 무교절 후에 빌립보에서 배로 떠나 닷새 만에 드로아에 있는 그들에게 가서 이레를 머무니라.

속뜻단어 풀이

- **무교절 無酵節** | 없을 무, 삭힐 교, 마디 절 [the feast of Unleavened Bread] 유월절 다음 날인, 유대의 달력으로 1월 15일부터 20일까지 한 주일 동안. 애굽 탈출을 감사、기념하던 농업제의 절기로, 누룩을 넣지 않은 무교병을 먹음
- **닷새** [five days] 다섯 날. ¶ 벌써 닷새가 지났다. ㊥ 다섯 날, 오일(五日).
- **이레** [a week; seven days] 일곱 날. 칠 일.

7. 그 주간의 첫날에 우리가 떡을 떼려 하여 모였더니 바울이 이튿날 떠나고자 하여 그들에게 강론할새 말을 밤중까지 계속하매

8. 우리가 모인 윗다락에 등불을 많이 켰는데

9. 유두고라 하는 청년이 창에 걸터앉아 있다가 깊이 졸더니 바울이 강론하기를 더 오래 하매 졸음을 이기지 못하여 삼 층에서 떨어지거늘 일으켜 보

속뜻단어 풀이

- **주간 週間** | 주일 주, 사이 간 [week] 월요일부터 일요일까지의 한 주일(週日) 동안[間]. ¶ 주간 계획을 세우다.
- **강:론 講論** | 익힐 강, 논할 론 [discuss; teach] 어떤 문제에 대하여 강설(講說)하고 토론(討論)함. ¶ 목사님이 교리를 강론했다.
- **다락 (樓, 다락 루)** [upper story; loft over a kitchen] ① 건축 부엌 천장 위에 이층처럼 만들어서 물건을 두게 된 곳. ② 다락집. 비 누각(樓閣), 문루(門樓), 초루(譙樓).

니 죽었는지라.

10. 바울이 내려가서 그 위에 엎드려 그 몸을 안고 말하되 떠들지 말라 생명이 그에게 있다 하고

11. 올라가 떡을 떼어 먹고 오랫동안 곧 날이 새기까지 이야기하고 떠나니라

12. 사람들이 살아난 청년을 데리고 가서 적지 않게 위로를 받았더라.

13. 우리는 앞서 배를 타고 앗소에서 바울을 태우려고 그리로 가니 이는 바

속뜻단어 풀 이

• **생명 生命** | 살 생, 목숨 명 [life] ① 속뜻 살아가는[生] 데 꼭 필요한 목숨[命]. ¶ 생명의 은인 / 생명이 위태롭다. ② 사물이 존재할 수 있는 가장 중요한 요건을 비유하여 이르는 말. ¶ 가수는 목소리가 생명이다.

• **위로 慰勞** | 달랠 위, 일할 로 [consolation; comfort] 수고로움[勞]이나 아픔을 달램[慰]. ¶ 어떻게 위로의 말씀을 드려야 할지 모르겠습니다 / 어머니는 기회가 또 있을 것이라며 나를 위로했다.

울이 걸어서 가고자 하여 그렇게 정하여 준 것이라.

14. 바울이 앗소에서 우리를 만나니 우리가 배에 태우고 미둘레네로 가서

15. 거기서 떠나 이튿날 기오 앞에 오고 그 이튿날 사모에 들르고 또 그 다음 날 밀레도에 이르니라.

16. 바울이 아시아에서 지체하지 않기 위하여 에베소를 지나 배 타고 가기로 작정하였으니 이는 될 수 있는 대로

속뜻단어 풀이

- **지체 遲滯** | 늦을 지, 막힐 체 [delay] 늦어지거나[遲] 막힘[滯]. ¶ 더 이상 시간을 지체할 수 없다.
- **작정 作定** | 지을 작, 정할 정 [decision; determination] 어떤 일에 대해 마음으로 결정(決定)을 내림[作]. 또는 그 결정.

오순절 안에 예루살렘에 이르려고 급히
감이러라.
17. 바울이 밀레도에서 사람을 에베소
로 보내어 교회 장로들을 청하니
18. 오매 그들에게 말하되 아시아에
들어온 첫날부터 지금까지 내가 항상
여러분 가운데서 어떻게 행하였는지를
여러분도 아는 바니
19. 곧 모든 겸손과 눈물이며 유대인
의 간계로 말미암아 당한 시험을 참고

속뜻단어 풀이

- **오:순-절 五旬節** | 다섯 오, 열흘 순, 철 절 [Pentecost] ① 기독교 부활절 후 50일[五旬]째 되는 날[節]. 성령 강림을 기념하는 날이다. ② 가톨릭 사순절 첫째 주일 바로 전의 주일. 이날과 그 뒤 이틀 동안 성체(聖體)가 나타나 보인다고 한다.
- **간계 奸計** | 간사할 간, 꾀 계 [trick] 간사(奸邪)한 꾀[計]. ¶ 간계에 넘어가다 / 간계를 부리다.

주를 섬긴 것과

20. 유익한 것은 무엇이든지 공중 앞에서나 각 집에서나 거리낌이 없이 여러분에게 전하여 가르치고.

21. 유대인과 헬라인들에게 하나님께 대한 회개와 우리 주 예수 그리스도께 대한 믿음을 증언한 것이라.

22. 보라 이제 나는 성령에 매여 예루살렘으로 가는데 거기서 무슨 일을 당할는지 알지 못하노라.

속뜻단어 풀이

- **유:익 有益** | 있을 유, 더할 익 [profitable; advantageous; useful] 이로움[益]이 있음[有]. 이점(利點)이 있음. ¶ 유익을 주다 / 이 동영상은 영어를 배우는 데 유익하다. ㉥ 무익(無益).
- **증언 證言** | 증거 증, 말씀 언 [testify; attest] 법률 증인(證人)으로서 사실을 말함[言]. 또는 그런 말. ¶ 목격자의 증언을 듣다 / 범인은 붉은 셔츠를 입었다고 증언했다.

23. 오직 성령이 각 성에서 내게 증언하여 결박과 환난이 나를 기다린다 하시나

24. 내가 달려갈 길과 주 예수께 받은 사명 곧 하나님의 은혜의 복음을 증언하는 일을 마치려 함에는 나의 생명조차 조금도 귀한 것으로 여기지 아니하노라.

25. 보라! 내가 여러분 중에 왕래하며 하나님의 나라를 전파하였으나 이제

속뜻단어 풀이

- **결박 結縛** | 맺을 결, 묶을 박 [bind; tie] 움직이지 못하게 단단히 매듭을 지어[結] 묶음[縛]. ¶ 형사는 범인을 결박하였다. ㊊ 포박(捕縛).
- **환:난 患難** | 근심 환, 어려울 난 [hardships; distress; misfortune] 근심[患]과 재난(災難). ¶ 환난을 겪다 / 환난을 극복하다.
- **왕:래 往來** | 갈 왕, 올 래 [come and go; associate with] ① 속뜻 가고[往] 오고[來] 함. ¶ 이 길은 사람들의 왕래가 잦다. ② 서로 교제하여 사귐. ¶ 나는 그와 주로 편지로 왕래한다. ③ 노자(路資).

는 여러분이 다 내 얼굴을 다시 보지
못할 줄 아노라.
26. 그러므로 오늘 여러분에게 증언하
거니와 모든 사람의 피에 대하여 내가
깨끗하니
27. 이는 내가 꺼리지 않고 하나님의
뜻을 다 여러분에게 전하였음이라.
28. 여러분은 자기를 위하여 또는 온
양 떼를 위하여 삼가라. 성령이 그들
가운데 여러분을 감독자로 삼고 하나님

속뜻단어 풀이

- **꺼:-리다** [hesitate] 사물이나 일 따위가 자신에게 해가 될까 하여 피하고 싫어하다. ¶ 양심에 꺼릴 만한 짓은 하지 않았다. 그는 나와 만나는 것을 꺼려한다. ㊥ 기피(忌避)하다.
- **삼가다 (謹, 삼갈 근)** [abstain; refrain] 꺼리는 마음으로 양(量)이나 횟수가 지나치지 않도록 하다. ¶ 짠 음식을 삼가다.

이 자기 피로 사신 교회를 보살피게
하셨느니라.
29. 내가 떠난 후에 사나운 이리가
여러분에게 들어와서 그 양 떼를 아끼
지 아니하며
30. 또한 여러분 중에서도 제자들을
끌어 자기를 따르게 하려고 어그러진
말을 하는 사람들이 일어날 줄을 내가
아노라.
31. 그러므로 여러분이 일깨어 내가

속뜻단어 풀이

- **사나운** [savage] ① 성질이나 행동이 모질고 억세스러운 ¶ 사나운 짐승, 성질이 사납다 ② 생김새가 험하고 무섭운 ¶ 사납게 생긴 얼굴, 사나운 인상 ③비, 바람 따위가 몹시 거칠고 심한.
- **어그러지다** [distort] ① 잘 맞물려 있는 물체가 틀어져서 맞지 아니하다. ② 지내는 사이가 나쁘게 되다. ③ 계획이나 예상 따위가 빗나가거나 달라져 이루어지지 아니하다. ㉥ 뒤틀리다, 비틀리다, 잘못되다.

삼 년이나 밤낮 쉬지 않고 눈물로 각
사람을 훈계하던 것을 기억하라.
32. 지금 내가 여러분을 주와 및 그
은혜의 말씀에 부탁하노니 그 말씀이
여러분을 능히 든든히 세우사 거룩하게
하심을 입은 모든 자 가운데 기업이
있게 하시리라.
33. 내가 아무의 은이나 금이나 의복
을 탐하지 아니하였고
34. 여러분이 아는 바와 같이 이 손

속뜻단어 풀이

- **훈계 訓戒** | 가르칠 훈, 경계할 계 [admonition; exhortation] 타일러[訓] 경계[警戒]시킴. 또는 그런 말.
- **기업 企業** | 꾀할 기, 일 업 [enterprise; company] ① 속뜻 이익을 꾀하기[企] 위하여 일[業]을 함. ②영리를 목적으로 운영하는 사업체. ¶ 기업을 운영하다.
- **의복 衣服** | 옷 의, 옷 복 [clothes; suit; dress] 옷[衣=服]. ㉥ 의류(衣類).

으로 나와 내 동행들이 쓰는 것을 충당하여

35. 범사에 여러분에게 모본을 보여준 바와 같이 수고하여 약한 사람들을 돕고 또 주 예수께서 친히 말씀하신 바 주는 것이 받는 것보다 복이 있다 하심을 기억하여야 할지니라.

36. 이 말을 한 후 무릎을 꿇고 그 모든 사람들과 함께 기도하니

37. 다 크게 울며 바울의 목을 안고

속뜻단어 풀이

- **동행 同行** | 같을 동, 갈 행 [going together] 같이[同] 길을 감[行].
- **모본 模本** | 본보기 모, 본보기 본 [example; model; imitation] ① 속뜻 본보기[模=本]. ② 모형(模型). ③ 모방(模倣).

입을 맞추고
38. 다시 그 얼굴을 보지 못하리라
한 말로 말미암아 더욱 근심하고 배에
까지 그를 전송하니라.

속뜻단어 풀이

- **근심 (患, 근심 환; 愁, 근심 수; 憂, 근심 우)** [anxiety; worry] 괴롭게 애를 태우거나 불안해하는 마음. ¶ 그녀는 근심이 있다. ㊥ 걱정.
- **전:송 餞送** | 보낼 전, 보낼 송 [see off; send off] 서운하여 전별(餞別)의 잔치를 베풀어 보냄[送]. ¶ 우리는 성대한 전송을 받았다. ㊥ 배웅.

1. 먼저 출발한 일행을 만나려고 간 드로아에서 바울은 밤을 새어가며 신자들에게 성경을 가르치며 신앙을 격려하던 중에, 유두고라는 청년이 설교 중에 졸다가 추락하여 사망하는 예상치 못한 사건이 발생합니다. 비록 사도 바울의 기도를 통해 하나님께서 다시 살려주시기는 했지만, 이러한 "유두고 사건"이 우리에게 주는 교훈은 무엇이라고 생각하는지 가족들과 함께 토론해보세요. (7-12절)

2. 사도 바울은 밀레도에 이르러 –소아시아와 유럽 선교를 마무리하는 시점에서– 에베소지역의 목회자들을 초청하여 특별집회를 가지게 됩니다. 그는 그곳에서 자신이 지금까지 고난과 시련 속에서도 굴하지 않고 전하려고 했던 하나님나라와 관련한 진리가 무엇이었는지 밝히고 있는데, 그 내용이 무엇인가요? (17-32절)

유대인과 헬라인들에게 하나님께 대한 ( )( )와 우리 주 예수 그리스도께 대한 ( )( )을 증언한 것이라. 보라, 내가 여러분 중에 왕래하며 하나님의 ( )( )를 전파하였으나, 이제는 여러분이 다 내 얼굴을 다시 보지 못할 줄 아노라.

(21, 25절)

3. 믿는 사람의 신앙과 생활을 든든하게 세워주고 하나님나라의 유업을 풍성하게 누리도록 해주는 것은 결국 무엇이라고 사도 바울은 말씀하고 있습니까? (32절)

제21장

1. 우리가 그들을 작별하고 배를 타고 바로 고스로 가서 이튿날 로도에 이르러 거기서부터 바다라로 가서

2. 베니게로 건너가는 배를 만나서 타고 가다가

3. 구브로를 바라보고 이를 왼편에 두고 수리아로 항해하여 두로에서 상륙하니 거기서 배의 짐을 풀려 함이러라.

4. 제자들을 찾아 거기서 이레를 머물

속뜻단어 풀이

- **작별 作別** | 지을 작, 나눌 별 [take leave; bid farewell] 이별(離別)을 함[作]. 이별의 인사를 나눔. ¶ 작별 인사 / 친구와 작별하고 기차에 올랐다. ⓑ 상봉(相逢).
- **항해 航海** | 건널 항, 바다 해 [voyage] 배를 타고 바다[海]를 건너다님[航]. ¶ 그는 또 다시 기나긴 항해를 떠났다.
- **상:륙 上陸** | 위 상, 뭍 륙 [land] 배에서 뭍으로[陸] 오름[上]. ¶ 맥아더 장군은 인천에 상륙했다.

더니 그 제자들이 성령의 감동으로 바
울더러 에루살렘에 들어가지 말라 하더
라.
5. 이 여러 날을 지낸 후 우리가 떠
나갈새 그들이 다 그 처자와 함께 성
문 밖까지 전송하거늘 우리가 바닷가에
서 무릎을 꿇어 기도하고
6. 서로 작별한 후 우리는 배에 오르
고 그들은 집으로 돌아가니라.
7. 두로를 떠나 항해를 다 마치고 돌

속뜻단어 풀이

- **감동 感動** | 느낄 감, 움직일 동 [moved] 깊이 느끼어[感] 마음이 움직임[動]. ¶ 심청의 이야기를 들은 용왕은 크게 감동했다. ㉥ 느낌, 감격(感激), 감복(感服), 감명(感銘).
- **처자 妻子** | 아내 처, 아이 자 [one's wife and children] 아내[妻]와 자식(子息). ¶ 처자를 거느리고 멀리 떠나다.

레마이에 이르러 형제들에게 안부를 묻고 그들과 함께 하루를 있다가
8. 이튿날 떠나 가이사랴에 이르러 일곱 집사 중 하나인 전도자 빌립의 집에 들어가서 머무르니라.
9. 그에게 딸 넷이 있으니 처녀로 예언하는 자라.
10. 여러 날 머물러 있더니 아가보라 하는 한 선지자가 유대로부터 내려와
11. 우리에게 와서 바울의 띠를 가져

속뜻단어 풀이

- **안부 安否** | 편안할 안, 아닐 부 [safety] 어떤 사람이 편안(便安)하게 잘 지내는지 그렇지 아니한지[否]에 대한 소식. 또는 인사로 그것을 전하거나 묻는 일. ¶ 안부를 묻다 / 부모님께 안부 전해 주세요.
- **집사 執事** | 잡을 집, 일 사 [steward; butler; deacon(ess)] ① 속뜻 주인 가까이 있으면서 그 집의 일[事]을 맡아 보는[執] 사람. ¶ 집사가 손님을 거실로 안내했다. ② 기독교 교회의 각 기관 일을 맡아 봉사하는 교회 직분의 하나. 또는 그 직분을 맡은 사람. ¶ 김 집사님이 기도하시겠습니다. ③ 존귀한 사람을 높여 이르는 말. 벼슬이나 직급이 중간 정도인 사람을 높여 이르는 이인칭 대명사. ④ 불교 절에서 여러 가지 잡무를 처리하는 소임.

다가 자기 수족을 잡아매고 말하기를
성령이 말씀하시되 예루살렘에서 유대인
들이 이같이 이 띠 임자를 결박하여
이방인의 손에 넘겨 주리라 하거늘
12. 우리가 그 말을 듣고 그 곳 사
람들과 더불어 바울에게 예루살렘으로
올라가지 말라 권하니
13. 바울이 대답하되 여러분이 어찌하
여 울어 내 마음을 상하게 하느냐?
나는 주 예수의 이름을 위하여 결박

속뜻단어 풀이

- **수족 手足** | 손 수, 발 족 [hands and feet; limbs] ① 속뜻 손[手]과 발[足]. ②'손발처럼 마음대로 부리는 사람'을 비유하여 이르는 말. ¶ 그녀는 나에게 수족과 같은 존재다.
- **임자** [owner] 물건을 소유한 사람.
- **결박 結縛** | 맺을 결, 묶을 박 [bind; tie] 움직이지 못하게 단단히 매듭을 지어[結] 묶음[縛]. ¶ 형사는 범인을 결박하였다. ㊥ 포박(捕縛).

당할 뿐 아니라 예루살렘에서 죽을 것도 각오하였노라 하니

14. 그가 권함을 받지 아니하므로 우리가 주의 뜻대로 이루어지이다 하고 그쳤노라.

15. 이 여러 날 후에 여장을 꾸려 예루살렘으로 올라갈새

16. 가이사랴의 몇 제자가 함께 가며 한 오랜 제자 구브로 사람 나손을 데리고 가니 이는 우리가 그의 집에 머

속뜻단어 풀이

- **각오 覺悟** | 잠깰 각, 깨달을 오 [awake; be determined] ① 속뜻 잠에서 깨어나[覺] 정신을 차려 할 일이 무엇인지 깨달음[悟]. ② 마음의 준비를 함. ¶ 첫날이라 그런지 각오가 대단하다.
- **여장 旅裝** | 나그네 려, 꾸밀 장 [travel gear] 여행(旅行)할 때의 차림[裝].
- **영접 迎接** | 맞이할 영, 사귈 접 [receive; greet] 손님을 맞아서[迎] 대접(待接)하는 일.

물려 함이라.
17. 예루살렘에 이르니 형제들이 우리
를 기꺼이 영접하거늘
18. 그 이튿날 바울이 우리와 함께
야고보에게로 들어가니 장로들도 다 있
더라.
19. 바울이 문안하고 하나님이 자기의
사역으로 말미암아 이방 가운데서 하신
일을 낱낱이 말하니
20. 그들이 듣고 하나님께 영광을 돌

속뜻단어 풀이

- **사역 使役** | 부릴 사, 부릴 역 [rced labor, ministry] ① 사람을 부림[使=役]. 또는 시킴을 받아 어떤 작업을 함. ② 사환(使喚). ③ 본래의 임무 이외에 임시로 하는 잡무. ④ 기독교 성경에서는 노예(종)에게 부과되는 강제 노역, 하나님의 거룩한 일, 말씀을 전하고 가르치는 일, 주님을 위한 봉사등을 가리킴
- **이방 異邦** | 다를 이, 나라 방 [alien country; foreign country] 다른[異] 나라[邦].

리고 바울더러 이르되 형제여! 그대도
보는 바에 유대인 중에 믿는 자 수만
명이 있으니 다 율법에 열성을 가진
자라.
21. 네가 이방에 있는 모든 유대인을
가르치되 모세를 배반하고 아들들에게
할례를 행하지 말고 또 관습을 지키지
말라 한다 함을 그들이 들었도다.
22. 그러면 어찌할꼬 그들이 필연 그
대가 온 것을 들으리니

속뜻단어 풀이

- **배반 背反** | 등질 배, 되돌릴 반 [betrayal] 신의를 저버리고 등지고[背] 돌아섬[反].
- **필연 必然** | 반드시 필, 그러할 연 [being in the natural order of events] ① 속뜻 반드시[必] 그렇게[然] 됨. ② 반드시 그렇게 되는 수밖에 다른 도리가 없음, 또는 그런 일. ¶ 우리의 만남은 필연이라고밖에 할 수 없다. ③ 꼭. 반드시. ¶ 필연 무슨 일이 있는 것 같다. ㊐ 우연(偶然).

23. 우리가 말하는 이대로 하라 서원
한 네 사람이 우리에게 있으니
24. 그들을 데리고 함께 결례를 행하
고 그들을 위하여 비용을 내어 머리를
깎게 하라. 그러면 모든 사람이 그대
에 대하여 들은 것이 사실이 아니고
그대도 율법을 지켜 행하는 줄로 알
것이라.
25. 주를 믿는 이방인에게는 우리가
우상의 제물과 피와 목매어 죽인 것과

속뜻단어 풀이

- **결례 潔禮** | 깨끗할 결, 예도 례 [Purification] 결례는 거의 모든 종교에서 찾아볼 수 있다. 종교에서 본질적이고 중요한 의식으로 취급된다. 그리스도교에서는 윤리적 의미와 의식적 의미를 함께 가지고 있다. 특히 구약성서《레위기》11~16장에는 결례에 대한 율법이 잘 나타나 있다.
- **우상 偶像** | 허수아비 우, 모양 상 [idol] ① 허수아비 같은 모양. ② 신처럼 숭배의 대상이 되는 물건이나 사람.

음행을 피할 것을 결의하고 편지하였느니라 하니

26. 바울이 이 사람들을 데리고 이튿날 그들과 함께 결례를 행하고 성전에 들어가서 각 사람을 위하여 제사 드릴 때까지의 결례 기간이 만기된 것을 신고하니라.

27. 그 이레가 거의 차매 아시아로부터 온 유대인들이 성전에서 바울을 보고 모든 무리를 충동하여 그를 붙들고

속뜻단어 풀이

- **결의 決意** | 결정할 결, 뜻 의 [resolve] 뜻[意]을 굳게 정함[決]. ¶ 필승의 결의를 다지다. ㉥ 결심(決心).
- **만:기 晩期** | 늦을 만, 때 기 [the last period] ① 속뜻 늦은[晩] 시기(時期). ②끝이 되는 시기. ㉥ 말기(末期).
- **충동 衝動** | 찌를 충, 움직일 동 [urge; instigate; incite] ① 속뜻 마음을 들쑤셔서[衝] 움직이게[動] 함. ② 순간적으로 어떤 행동을 하고 싶은 욕구를 느끼게 하는 마음속의 자극. ¶ 수영장을 보니 뛰어들고 싶은 충동이 든다. ③ 어떤 일을 하도록 남을 부추기거나 심하게 마음을 흔들어 놓음. ¶ 그의 충동으로 나는 내키지 않는 일을 억지로 하고 말았다 / 물건을 사라며 사람들을 충동하다.

28. 외치되 이스라엘 사람들아 도우라 이 사람은 각처에서 우리 백성과 율법과 이 곳을 비방하여 모든 사람을 가르치는 그 자인데 또 헬라인을 데리고 성전에 들어가서 이 거룩한 곳을 더럽혔다 하니

29. 이는 그들이 전에 에베소 사람 드로비모가 바울과 함께 시내에 있음을 보고 바울이 그를 성전에 데리고 들어간 줄로 생각함이러라.

속뜻단어 풀이

- **각처 各處** | 여러 각, 곳 처 [every place] 각각(各各)의 여러 곳[處]. 모든 곳. ¶ 전국 각처에서 대회가 열렸다. ㊐ 각지(各地), 방방곡곡(坊坊曲曲).
- **비방 誹謗** | 헐뜯을 비, 헐뜯을 방 [slander, slander, malign] 남을 비웃고 헐뜯어서 말함.

30. 온 성이 소동하여 백성이 달려와 모여 바울을 잡아 성전 밖으로 끌고 나가니 문들이 곧 닫히더라.

31. 그들이 그를 죽이려 할 때에 온 예루살렘이 요란하다는 소문이 군대의 천부장에게 들리매

32. 그가 급히 군인들과 백부장들을 거느리고 달려 내려가니 그들이 천부장과 군인들을 보고 바울 치기를 그치는지라.

속뜻단어 풀이

- **소문 所聞** | 것 소, 들을 문 [rumor, report] 귀로 들은[聞] 어떤 것[所]. ¶ 그가 살아 돌아왔다는 소문이 돌고 있다. ㊥ 풍문(風聞).
- **백부장 百夫長** | 백 백, 사나이 부, 길 장 [Centurion] 100명의 군인들을 거느리고 있는 로마의 지휘관을 말한다. 로마 군대는 군단들로 조직되었는데, 각 군단은 6,000명 정원의 남자들로 구성되어 있었고 또한 각 군단은 100명의 군인을 지휘하는 60명의 백부장들과 더불어 6개의 보병대를 가지고 있었다.
- **천부장 千夫長** | 천 천, 사나이 부, 길 장 [commander of thousand] 재판관 또는 군사지도자 가운데 하나로, 천명의 부하를 둔 군대의 지휘관을 말함.

33. 이에 천부장이 가까이 가서 바울을 잡아 두 쇠사슬로 결박하라 명하고 그가 누구이며 그가 무슨 일을 하였느냐 물으니

34. 무리 가운데서 어떤 이는 이런 말로, 어떤 이는 저런 말로 소리 치거늘 천부장이 소동으로 말미암아 진상을 알 수 없어 그를 영내로 데려가라 명하니라.

35. 바울이 층대에 이를 때에 무리의

속뜻단어 풀이

- **진상 眞相** | 참 진, 모양 상 [truth; actual facts] 참된[眞] 모습[相]. 사물이나 현상의 거짓 없는 모습이나 내용. ¶ 사건의 진상을 밝히다.
- **영내 領內** | 다스릴 령, 안 내 [barracks; the castle] 국가의 통치권[領]이 미치는 구역의 안[內].

폭행으로 말미암아 군사들에게 들려가니
36. 이는 백성의 무리가 그를 없이하
자고 외치며 따라 감이러라.
37. 바울을 데리고 영내로 들어가려
할 그 때에 바울이 천부장에게 이르되
내가 당신에게 말할 수 있느냐? 이르
되 네가 헬라 말을 아느냐?
38. 그러면 네가 이전에 소요를 일으
켜 자객 사천 명을 거느리고 광야로
가던 애굽인이 아니냐?

속뜻단어 풀이

- **폭행 暴行** | 사나울 폭, 행할 행 [attack; assault] ① 남에게 폭력[暴力]을 쓰는[行] 일. ¶ 폭행을 휘두르다. ② '강간'(強姦)을 완곡하게 이르는 말. ¶ 부녀자들에게 폭행까지 가했다.
- **소요 騷擾** | 떠들 소, 어지러울 요 [disturbance; disorder] ① 속뜻 떠들썩하고[騷] 어지러움[擾]. 또는 소란스러운 일. ② 많은 사람이 들고 일어나서 소란을 피우며 사회 질서를 어지럽히는 일. ¶ 태국 방콕에서 소요 사태가 벌어졌다.
- **자:객 刺客** | 찌를 자, 손 객 [assassin] ① 속뜻 사람을 칼로 찔러[刺] 죽이는 사람[客]. ②몰래 암살하는 일을 전문으로 하는 사람. ¶ 자객이 정부 요인을 암살하였다.

39\. 바울이 이르되 나는 유대인이라. 소읍이 아닌 길리기아 다소 시의 시민이니 청컨대 백성에게 말하기를 허락하라 하니

40\. 천부장이 허락하거늘 바울이 층대 위에 서서 백성에게 손짓하여 매우 조용히 한 후에 히브리 말로 말하니라.

속뜻단어 풀이

- **소읍 小邑** | 작을 소, 고을 읍 [small town] 주민과 산물이 적고 땅이 작은[小] 고을[邑]. ¶ 우리 동네는 소읍에 지나지 않는다.
- **시민 市民** | 도시 시, 백성 민 [citizens] ① 그 시(市)에 사는 사람[民]. ¶ 시민들이 축제에 참여했다. ② 국가의 일원으로서 독립하여 생계를 영위하는 자유민. ¶ 시민은 투표권이 있다. ③ 서울 백각전(百各廛)의 상인들. ㊥ 공민(公民).
- **층대 層臺** | 층 층, 돈대 대 [stairway; staircase] 돌이나 나무 따위로 여러 층(層)이 지게 대(臺)를 만들어서 높은 곳을 오르내릴 수 있게 만든 설비. '층층대'(層層臺)의 준말.

1. 바울 사도가 예루살렘 방문을 위해 두로를 거쳐 가이사랴에 도착했을 때, 여러 신실한 동료 신자들은 바울이 예루살렘으로 가는 것을 말리게 됩니다(1-12절). 왜냐하면 그곳에서 바울이 체포되어 많은 고통을 받을 것을 예견했기 때문이지요. 그럼에도 불구하고 바울 사도는 왜 예루살렘으로 갈 것을 고집하는 것일까요? (13-14절)

2. 아시아로부터 온 유대인들의 모함을 받은 사도 바울은 죽음의 위기에 처하게 되고, 이것이 빌미가 되어 그는 결국 로마 군인에게 체포당하게 됩니다. 그렇다면 왜 많은 유대인들이 바울 사도를 모함하고 죽이려고 했을까요? 유대인들이 사도 바울을 반대하는 근본적인 이유가 무엇인지 가족의 시간에 함께 토론해보세요. (27-34절)

제 22 장

1. 부형들아! 내가 지금 여러분 앞에서 변명하는 말을 들으라.

2. 그들이 그가 히브리 말로 말함을 듣고 더욱 조용한지라 이어 이르되

3. 나는 유대인으로 길리기아 다소에서 났고 이 성에서 자라 가말리엘의 문하에서 우리 조상들의 율법의 엄한 교훈을 받았고 오늘 너희 모든 사람처럼 하나님께 대하여 열심이 있는 자라.

속뜻단어 풀이

- **부형 父兄** | 아버지 부, 맏 형 [one's father and brothers; guardians] ① 속뜻 아버지[父]와 형[兄]. ② 학교에서 학생의 보호자를 두루 일컫는 말.
- **문하 門下** | 문 문, 아래 하 [under instruction] ① 속뜻 스승의 집 대문(大門) 아래[下] 모여 듦. ② 스승의 집에 드나들며 가르침을 받는 제자. '문하생'(門下生)의 준말. ¶ 김 선생님의 문하에 들어가다.

4. 내가 이 도를 박해하여 사람을 죽이기까지 하고 남녀를 결박하여 옥에 넘겼노니

5. 이에 대제사장과 모든 장로들이 내 증인이라 또 내가 그들에게서 다메섹 형제들에게 가는 공문을 받아 가지고 거기 있는 자들도 결박하여 예루살렘으로 끌어다가 형벌 받게 하려고 가더니

6. 가는 중 다메섹에 가까이 갔을 때에 오정쯤 되어 홀연히 하늘로부터 큰

속뜻단어 풀이

- **공문 公文** | 관공서 공, 글월 문 [official document] 관공서[公]의 문서(文書). '공문서'의 준말. ¶ 공문을 보내다.
- **형벌 刑罰** | 형벌 형, 벌할 벌 [punish; penalize] ① 속뜻 무거운 죄에 대한 벌[刑]과 가벼운 죄에 대한 벌(罰). ② 법률 나라의 법을 어긴 사람에게 그 죄에 맞게 벌을 줌. 또는 그러한 처벌. ¶ 가혹한 형벌을 내리다.
- **오정 午正** | 일곱째지지 오, 바를 정 [noon] 낮 열두시, 정오.

빛이 나를 둘러 비치매

7. 내가 땅에 엎드러져 들으니 소리 있어 이르되 사울아! 사울아! 네가 왜 나를 박해하느냐 하시거늘

8. 내가 대답하되 주님 누구시니이까 하니 이르시되 나는 네가 박해하는 나사렛 예수라 하시더라.

9. 나와 함께 있는 사람들이 빛은 보면서도 나에게 말씀하시는 이의 소리는 듣지 못하더라.

속뜻단어 풀이

- **박해 迫害** | 다그칠 박, 해칠 해 [oppress; persecute] ① 속뜻 다그쳐[迫] 해(害)를 입힘. ② 못살게 굴어 해롭게 함. ¶ 천주교 신도를 박해하다.
- **대:답 對答** | 대할 대, 답할 답 [answer; reply] ① 속뜻 묻는 말에 대(對)하여 답(答)함. ¶ 선생님의 질문에 대답했다. ② 어떤 문제를 푸는 실마리. 또는 그 해답. ¶ 잘 생각해보면 대답을 찾을 수 있다. ㊥ 응답(應答), 답변(答辯), 해답(解答). ㉡ 질문(質問).

10. 내가 이르되 주님 무엇을 하리이까? 주께서 이르시되 일어나 다메섹으로 들어가라. 네가 해야 할 모든 것을 거기서 누가 이르리라 하시거늘

11. 나는 그 빛의 광채로 말미암아 볼 수 없게 되었으므로 나와 함께 있는 사람들의 손에 끌려 다메섹에 들어갔노라.

12. 율법에 따라 경건한 사람으로 거기 사는 모든 유대인들에게 칭찬을 듣

속뜻단어 풀이

- **광채 光彩** | 빛 광, 빛깔 채 [luminous body] ① 속뜻 찬란하게 빛[光]나는 빛깔[彩]. ② 정기 있는 밝은 빛. ¶ 광채가 나다. ③ 섬뜩할 정도로 날카로운 빛. ¶ 광채가 번득이다
- **경:건 敬虔** | 공경할 경, 정성 건 [devout; pious] 공경(恭敬)하는 마음으로 삼가며[虔] 조심성이 있다. ¶ 경건한 마음으로 기도를 드리다.

는 아니니아라 하는 이가
13. 내게 와 곁에 서서 말하되 형제
사울아! 다시 보라 하거늘 즉시 그를
쳐다보았노라.
14. 그가 또 이르되 우리 조상들의
하나님이 너를 택하여 너로 하여금 자
기 뜻을 알게 하시며 그 의인을 보게
하시고 그 입에서 나오는 음성을 듣게
하셨으니
15. 네가 그를 위하여 모든 사람 앞

속뜻단어 풀 이

- **의:인 義人** | 옳을 의, 사람 인 [righteous man] 옳은[義] 일을 위하여 나서는 사람[人]. ¶ 그는 아이를 구하려다 팔을 잃은 의인이다.
- **음성 音聲** | 소리 음, 소리 성 [voice; tone] ① 속뜻 사람이 내는 소리[音]와 악기가 내는 소리[聲]. ② 언어 발음기관에서 생기는 음향. ¶ 음성변조 / 음성 메시지. ㊥ 목소리.

에서 네가 보고 들은 것에 증인이 되리라.
16. 이제는 왜 주저하느냐? 일어나 주의 이름을 불러 세례를 받고 너의 죄를 씻으라 하더라.
17. 후에 내가 예루살렘으로 돌아와서 성전에서 기도할 때에 황홀한 중에
18. 보매 주께서 내게 말씀하시되 속히 예루살렘에서 나가라. 그들은 네가 내게 대하여 증언하는 말을 듣지 아니

속뜻단어 풀이

- **주저 躊躇** | 머뭇거릴 주, 머뭇거릴 저 [hesitate] 나아가지 못하고 머뭇거림[躊=躇]. ¶ 우리는 어떤 일에도 주저하지 않는다.
- **황홀 恍惚** | =慌惚, 흐릿할 황, 흐릿할 홀 [in ecstasies; enraptured] ① 정신이 흐릿함[恍=惚]. ② 무엇이 너무 좋아서 정신이 멍함. ¶ 제주도의 경치는 보는 사람을 황홀하게 만든다. ③ 흐릿하여 분명하지 아니함.

하리라 하시거늘

19. 내가 말하기를 주님 내가 주를 믿는 사람들을 가두고 또 각 회당에서 때리고

20. 또 주의 증인 스데반이 피를 흘릴 때에 내가 곁에 서서 찬성하고 그 죽이는 사람들의 옷을 지킨 줄 그들도 아나이다.

21. 나더러 또 이르시되 떠나가라. 내가 너를 멀리 이방인에게로 보내리라

속뜻단어 풀이

- **회:당 會堂** | 모일 회, 집 당 [hall; meeting hall] ① 속뜻 여러 사람이 모일[會] 수 있도록 마련된 집[堂]. 회관(會館). ② 기독교 예배당(禮拜堂).
- **증인 證人** | 증거 증, 사람 인 [witness] 어떤 사실을 증명(證明)하는 사람.
- **찬:성 贊成** | 도울 찬, 이룰 성 [support; agree; approve of] ① 속뜻 어떤 일을 도와주어[贊] 이루게[成] 함. ② 다른 사람의 의견이나 제안 등을 인정하여 동의함. ¶ 나는 네 생각에 찬성이다. ③ 역사 조선시대 의정부에 속해 있던 종1품 벼슬. ㊐ 동의(同意), 찬동(贊同). ㊊ 반대(反對).

하셨느니라.
22. 이 말하는 것까지 그들이 듣다가
소리 질러 이르되 이러한 자는 세상에
서 없애 버리자 살려 둘 자가 아니라
하여
23. 떠들며 옷을 벗어 던지고 티끌을
공중에 날리니
24. 천부장이 바울을 영내로 데려가라
명하고 그들이 무슨 일로 그에 대하여
떠드는지 알고자 하여 채찍질하며 심문

속뜻단어 풀이

- **티끌** [dust] ① 티와 먼지. ¶ 눈에 티끌이 들어갔다. ② 몹시 작거나 분량이 적음을 나타냄. ¶ 그는 티끌만큼의 욕심도 부리지 않았다. 속담 티끌 모아 태산.
- **심문 審問** | 살필 심, 물을 문 [interrogate; question] ① 자세히 따져서[審] 물음[問]. ¶ 심문을 받다. ② 법률 법원이 당사자나 그 밖에 이해관계가 있는 사람에게 서면이나 구두로 개별적으로 진술할 기회를 주다. ¶ 심문 수사 / 범인을 심문하다.

하라 한대
25. 가죽 줄로 바울을 매니 바울이
곁에 서 있는 백부장더러 이르되 너희
가 로마 시민 된 자를 죄도 정하지
아니하고 채찍질할 수 있느냐 하니
26. 백부장이 듣고 가서 천부장에게
전하여 이르되 어찌하려 하느냐 이는
로마 시민이라 하니
27. 천부장이 와서 바울에게 말하되
네가 로마 시민이냐? 내게 말하라 이

속뜻단어 풀이

- **로마** [Rome] ① 역사 로마 제국의 수도. 라티움 평원에 정착한 라틴인들이 팔라티스 언덕을 중심으로 건설한 도시 국가. ② 지명 이탈리아반도의 중서부에 있는 도시.
- **시민 市民** | 도시 시, 백성 민 [citizens] ① 그 시(市)에 사는 사람[民]. ¶ 시민들이 축제에 참여했다. ② 국가의 일원으로서 독립하여 생계를 영위하는 자유민. ¶ 시민은 투표권이 있다. ③ 서울 백각전(百各廛)의 상인들. ㉥ 공민(公民).

르되 그러하다.
28. 천부장이 대답하되 나는 돈을 많
이 들여 이 시민권을 얻었노라. 바울
이 이르되 나는 나면서부터라 하니
29. 심문하려던 사람들이 곧 그에게서
물러가고 천부장도 그가 로마 시민인
줄 알고 또 그 결박한 것 때문에 두
려워하니라.
30. 이튿날 천부장은 유대인들이 무슨
일로 그를 고발하는지 진상을 알고자

속뜻단어 풀이

- **시:민-권 市民權** | 도시 시, 백성 민, 권리 권 [citizenship] ① 법률 일반 국민이나 주민[市民]이 누리는 권리(權利). ¶ 미국 시민권을 획득하다. ② 시민으로서의 행동, 사상, 재산, 신앙의 자유가 보장되고 정치에 참여할 수 있는 권리.
- **진상 眞相** | 참 진, 모양 상 [truth; actual facts] 참된[眞] 모습[相]. 사물이나 현상의 거짓 없는 모습이나 내용. ¶ 사건의 진상을 밝히다.

하여 그 결박을 풀고 명하여 제사장들과 온 공회를 모으고 바울을 데리고 내려가서 그들 앞에 세우니라.

속뜻단어 풀이

- **결박 結縛** | 맺을 결, 묶을 박 [bind; tie] 움직이지 못하게 단단히 매듭을 지어[結] 묶음[縛]. ¶ 형사는 범인을 결박하였다. ㉥ 포박(捕縛).
- **공회 公會** | 여럿 공, 모일 회 [public meeting] ① 속뜻 여러 사람[公]들의 모임[會]. ② 공적인 문제를 의논하기 위한 모임. ¶ 공회를 소집하다.

1. 자신을 죽이려고 하는 사람들 앞에서 사도 바울은 자신이 어떻게 예수님을 만났는지 간증하고 있습니다(1-21절). 그의 간증 속에 나타난 것 같이, 바울이 주님으로부터 받은 사명은 무엇이었나요? (14-15절)

그가 또 이르되, "우리 조상들의 ( )( )( )이 너를 택하여 너로 하여금 자기
( )을 알게 하시며, 그 ( )( )을 -예수 그리스도를 의미함- 보게 하시고 그
입에서 나오는 음성을 듣게 하셨으니, 네가 ( )를 위하여 모든 사람 앞에서
네가 보고 들은 것에 ( )( )이 되리라."

2. 사도 바울은 다메섹으로 가는 길에서 밝은 빛 가운데 나타나신 예수님을 처음 만났고, 예루살렘 성전에서 기도하던 중에 다시 한 번 예수님을 만나게 됩니다(17-18절). 이때 바울이 구체적으로 받은 사명은 무엇이었나요? (18-21절)

제 23 장

1. 바울이 공회를 주목하여 이르되 여러분 형제들아! 오늘까지 나는 범사에 양심을 따라 하나님을 섬겼노라 하거늘

2. 대제사장 아나니아가 바울 곁에 서 있는 사람들에게 그 입을 치라 명하니

3. 바울이 이르되 회칠한 담이여! 하나님이 너를 치시리로다. 네가 나를 율법대로 심판한다고 앉아서 율법을 어기고 나를 치라 하느냐 하니

속뜻단어 풀이

- **주:목 注目** | 쏟을 주, 눈 목 [pay attention] ① 속뜻 눈[目]길을 한곳에 쏟음[注]. ② 어떤 대상이나 일에 대해 특별히 관심을 가지고 자세히 살핌. ¶ 그 사건은 주목을 별로 받지 못했다.
- **회칠 灰漆** | 재 회, 옻칠할 칠 [cover with whitewash] 석회(石灰)를 바름[漆]. 또는 그런 일. ¶ 벽에 회칠만 새로 했을 뿐이다.
- **심판 審判** | 살필 심, 판가름할 판 [judge] ① 문제가 되는 안건을 심의(審議)하여 판결(判決)을 내리는 일. ¶ 법의 심판을 받다 / 공정하게 심판하다. ② 운동 경기에서 규칙의 적부 여부나 승부를 판정함. 또는 그런 일이나 사람. ¶ 축구 심판. ③ 심리(審理)와 재판(裁判)을 아울러 이르는 말. ④ 행정 기관이 전심(前審)으로서 쟁송을 심리 · 재결하는 절차. 해난 심판, 특허 심판 따위가 있다. ⑤ 하나님이 인간과 세상의 죄를 제재함. 또는 그런 일.

4. 곁에 선 사람들이 말하되 하나님의
대제사장을 네가 욕하느냐?
5. 바울이 이르되 형제들아! 나는 그
가 대제사장인 줄 알지 못하였노라.
기록하였으되 너의 백성의 관리를 비방
하지 말라 하였느니라 하더라.
6. 바울이 그 중 일부는 사두개인이요
다른 일부는 바리새인인 줄 알고 공회
에서 외쳐 이르되 여러분 형제들아!
나는 바리새인이요 또 바리새인의 아들

속뜻단어 풀이

- **사두개인** [Sadducees] 유대 종교의 당파 중 하나인 사두개파 사람들을 말한다(행 23:6). 이들에 대한 명칭은 대체적으로 다윗, 솔로몬 시대에 제사장이었던 사독(왕상 1:38)에게서 유래했다고 본다.
- **바리새인** [Pharisees] ① 기독교 바리새교의 교인. ② 기독교 3대 유대 분파의 하나. 모세의 율법과 부활, 천사, 영의 존재를 믿었다. ③ 위선자를 비유적으로 이르는 말.

이라. 죽은 자의 소망 곧 부활로 말
미암아 내가 심문을 받노라.
7. 그 말을 한즉 바리새인과 사두개인
사이에 다툼이 생겨 무리가 나누어지니
8. 이는 사두개인은 부활도 없고 천사
도 없고 영도 없다 하고 바리새인은
다 있다 함이라.
9. 크게 떠들새 바리새인 편에서 몇
서기관이 일어나 다투어 이르되 우리가
이 사람을 보니 악한 것이 없도다.

속뜻단어 풀이

- **소:망 所望** | 것 소, 바랄 망 [desire; wish] 바라는[望] 어떤 것[所]. ¶ 새해 소망. ㉥ 바람, 소원(所願), 희망(希望).
- **서기관 書記官** | 쓸 서, 기록할 기, 벼슬 관 [clerk; secretary] ① 속뜻 단체나 회의에서 문서(文書)나 기록(記錄) 따위를 맡아보는 사람. ② 법률 일반직 8급 공무원의 직급.

혹 영이나 혹 천사가 그에게 말하였으면 어찌 하겠느냐 하여

10. 큰 분쟁이 생기니 천부장은 바울이 그들에게 찢겨질까 하여 군인을 명하여 내려가 무리 가운데서 빼앗아 가지고 영내로 들어가라 하니라.

11. 그날 밤에 주께서 바울 곁에 서서 이르시되 담대하라. 네가 예루살렘에서 나의 일을 증언한 것 같이 로마에서도 증언하여야 하리라 하시니라.

속뜻단어 풀이

- **분쟁 紛爭** | 어지러울 분, 다툴 쟁 [have trouble; have a dispute] 어지럽게[紛] 얽힌 문제로 서로 다툼[爭]. 또는 그런 일. ¶ 어업분쟁 / 영유권 분쟁.
- **증언 證言** | 증거 증, 말씀 언 [testify; attest] 법률 증인(證人)으로서 사실을 말함[言]. 또는 그런 말. ¶ 목격자의 증언을 듣다 / 범인은 붉은 셔츠를 입었다고 증언했다.

12. 날이 새매 유대인들이 당을 지어 맹세하되 바울을 죽이기 전에는 먹지도 아니하고 마시지도 아니하겠다 하고

13. 이같이 동맹한 자가 사십여 명이더라.

14. 대제사장들과 장로들에게 가서 말하되 우리가 바울을 죽이기 전에는 아무 것도 먹지 않기로 굳게 맹세하였으니

15. 이제 너희는 그의 사실을 더 자

속뜻단어 풀이

- **당 黨** | 무리 당 [political party; group] 정치 정치적 주의나 주장이 같은 사람들이 정권을 잡고 정치적 이상을 실현하기 위하여 조직한 무리. '정당'(政黨)의 준말.
- **동맹 同盟** | 한가지 동, 맹세할 맹 [ally with; league with] 서로의 이익이나 목적을 위하여 개인이나 단체, 또는 국가가 하나로[同] 행동하기로 맹세[盟誓]하여 맺는 약속이나 조직체. ¶ 동맹을 맺다. ㉥ 연맹(聯盟).

세히 물어보려는 척하면서 공회와 함께
천부장에게 청하여 바울을 너희에게로
데리고 내려오게 하라. 우리는 그가
가까이 오기 전에 죽이기로 준비하였노
라 하더니
16. 바울의 생질이 그들이 매복하여
있다 함을 듣고 와서 영내에 들어가
바울에게 알린지라.
17. 바울이 한 백부장을 청하여 이르
되 이 청년을 천부장에게로 인도하라.

속뜻단어 풀이

• **생질 甥姪** | 조카 생, 조카 질 [sister's son; nephew] 조카[甥=姪]. 누이의 아들.
• **매복 埋伏** | 감출 매, 엎드릴 복[ambush; lie in] 몰래 몸을 감추고(埋) 엎드려 있음(伏). 적군을 기습하기 위하여 적당한 곳에 숨어서 기다리는 일.

그에게 무슨 할 말이 있다 하니

18. 천부장에게로 데리고 가서 이르되 죄수 바울이 나를 불러 이 청년이 당신께 할 말이 있다 하여 데리고 가기를 청하더이다 하매

19. 천부장이 그의 손을 잡고 물러가서 조용히 묻되 내게 할 말이 무엇이냐?

20. 대답하되 유대인들이 공모하기를 그들이 바울에 대하여 더 자세한 것을

속뜻단어 풀이

- **죄:수 罪囚** | 허물 죄, 가둘 수 [prisoner] 죄(罪)를 저지르고 옥에 갇힌[囚] 사람. ¶ 죄수들은 수갑을 차고 있었다. ⓑ 수인(囚人).
- **공:모 共謀** | 함께 공, 꾀할 모 [joint conspiracy] 함께[共] 일을 꾸밈[謀]. '공동 모의'(共同謀議)의 준말.

묻기 위함이라 하고 내일 그를 데리고
공회로 내려오기를 당신께 청하자 하였
으니
21. 당신은 그들의 청함을 따르지 마
옵소서 그들 중에서 바울을 죽이기 전
에는 먹지도 않고 마시지도 않기로 맹
세한 자 사십여 명이 그를 죽이려고
숨어서 지금 다 준비하고 당신의 허락
만 기다리나이다 하니
22. 이에 천부장이 청년을 보내며 경

속뜻단어 풀이

- **맹세** [vow, pledge, oath] 굳게 약속하거나 다짐함. 또는 그 약속이나 다짐. '맹서'(盟誓)에서 유래된 말. ¶ 비밀을 지킬 것을 맹세하다. ⓑ 서약(誓約), 맹약(盟約).
- **허락 許諾** | 들어줄 허, 승낙할 낙 [agree] 청하는 바를 들어주어[許] 승낙(承諾)함. ¶ 부모님께 결혼 허락을 받다. ⓑ 승낙(承諾), 허가(許可). ⓑ 불허(不許).

게하되 이 일을 내게 알렸다고 아무에게도 이르지 말라 하고

23. 백부장 둘을 불러 이르되 밤 제삼 시에 가이사랴까지 갈 보병 이백 명과 기병 칠십 명과 창병 이백 명을 준비하라 하고

24. 또 바울을 태워 총독 벨릭스에게로 무사히 보내기 위하여 짐승을 준비하라 명하며

25. 또 이 아래와 같이 편지하니 일

속뜻단어 풀 이

- **보:병 步兵** | 걸음 보, 군사 병 [foot soldier] ① 속뜻 걸어 다니면서[步] 싸우는 병사(兵士). ② 군사 육군 병과의 하나. 소총이나 기관총 등을 가지고 육상에서 싸우는 군인. ⓑ 보졸(步卒).
- **기병 騎兵** | 말 탈 기, 군사 병 [cavalry soldier; horseman] 말을 타고[騎] 싸우는 군사[兵]. ¶ 흉노족의 기병들이 달려들었다. ⓑ 기졸(騎卒). 마병(馬兵).
- **창병 槍兵** | 창 창, 군사 병 [spearman] 창을 쓰는 병사. ¶ 창병과 기병, 창병을 양성하다.

렸으되
26. 글라우디오 루시아는 총독 벨릭스
각하께 문안하나이다.
27. 이 사람이 유대인들에게 잡혀 죽
게 된 것을 내가 로마 사람인 줄 들
어 알고 군대를 거느리고 가서 구원하
여다가
28. 유대인들이 무슨 일로 그를 고발
하는지 알고자 하여 그들의 공회로 데
리고 내려갔더니

속뜻단어 풀이

- **문:안 問安** | 물을 문, 편안할 안 [ask after the health of another] 웃어른에게 안부(安否)를 물음[問]. ¶ 문안 인사를 드리다.
- **고:발 告發** | 알릴 고, 드러낼 발 [complain] ① 속뜻 잘못이나 비리 따위를 알려[告] 드러냄[發]. ② 피해자나 고소권자가 아닌 제삼자가 수사 기관에 범죄 사실을 신고하여 수사 및 범인의 기소를 요구하는 일. ¶ 경찰에 사기꾼을 고발하다.

29. 고발하는 것이 그들의 율법 문제에 관한 것뿐이요 한 가지도 죽이거나 결박할 사유가 없음을 발견하였나이다.

30. 그러나 이 사람을 해하려는 간계가 있다고 누가 내게 알려 주기로 곧 당신께로 보내며 또 고발하는 사람들도 당신 앞에서 그에 대하여 말하라 하였나이다 하였더라.

31. 보병이 명을 받은 대로 밤에 바울을 데리고 안디바드리에 이르러

속뜻단어 풀 이

- **사유 事由** | 일 사, 까닭 유 [reason; cause] 일[事]이 그렇게 된 까닭[由]. ¶ 결석한 사유를 설명하다. ㊐ 이유(理由), 연유(緣由).
- **발견 發見** | 드러낼 발, 볼 견 [discover] 남이 미처 찾아내지 못하였거나 세상에 널리 알려지지 않은 것을 먼저 드러내[發] 보임[見]. ¶ 콜럼버스는 아메리카 대륙을 발견했다.

32. 이튿날 기병으로 바울을 호송하게
하고 영내로 돌아가니라.

33. 그들이 가이사라에 들어가서 편지
를 총독에게 드리고 바울을 그 앞에
세우니

34. 총독이 읽고 바울더러 어느 영지
사람이냐 물어 길리기아 사람인 줄 알
고

35. 이르되 너를 고발하는 사람들이
오거든 네 말을 들으리라 하고 헤롯

속뜻단어 풀이

- **호:송 護送** | 지킬 호, 보낼 송 [escort; convoy] ① 속뜻 목적지까지 보호(保護)하여 보냄[送]. ② 법률 죄인 따위를 감시하면서 데려감. ¶ 그는 경찰의 호송을 받으며 법정으로 들어왔다. ㊐ 압송(押送).
- **영지 領地** | 거느릴 령, 땅 지 [feud; territory; possession] ① 속뜻 영주(領主)가 관할하는 땅[地]. ¶ 기사 계급은 독립적인 영주로서 영지 내의 농민들을 보호하는 동시에 영지의 실질적인 통치자였다. ② 법률 영토(領土). ¶ 고구려 때에는 만주 지방도 우리의 영지였다.

궁에 그를 지키라 명하니라.

1. 바울 사도는 당시 유대 지도자들로 구성된 공회에서 다시금 심문을 받고 있습니다. 이 과정에서 바리새인과 사두개인 사이에 다툼이 생기게 되었는데, 그 논쟁 주제는 무엇이었나요? (6-10절)

2. 그 논쟁의 주인공인 부활하신 주 예수께서 그날 밤에 바울 사도에게 한 말을 되새겨보십시오. (11절)

그 날 밤에 주께서 바울 곁에 서서 이르시되, "담대하라. 네가 ( )( )( )( )에서 나의 일을 증언한 것같이, ( )( )에서도 증언하여야 하리라" 하시니라.

3. 주님께서는 바울을 로마의 총독 벨릭스에게로 인도하셔서 그에게 복음을 전하도록 역사하셨는데, 그 방식은 어떤 것이었는지 주의 깊게 살펴 볼 필요가 있습니다. 우리 하나님께서는 때때로 고난을 사용하셔서 선한 일을 이루어 가시니까요. 바울이 벨릭스 총독이 있는 가이사랴로 이송된 계기는 무엇이었나요? (12-25절)

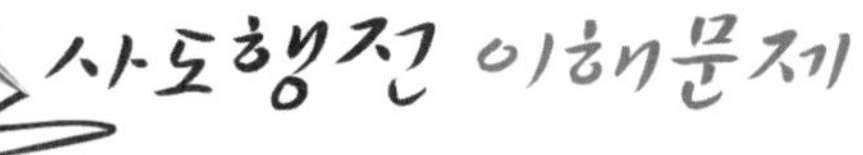

제24장

1. 닷새 후에 대제사장 아나니아가 어떤 장로들과 한 변호사 더둘로와 함께 내려와서 총독 앞에서 바울을 고발하니라.

2. 바울을 부르매 더둘로가 고발하여 이르되

3. 벨릭스 각하여 우리가 당신을 힘입어 태평을 누리고 또 이 민족이 당신의 선견으로 말미암아 여러 가지로 개

속뜻단어 풀이

- **변호사 辯護士** | 말 잘할 변, 돌볼 호, 선비 사 [lawyer] 전문적으로, 소송 당사자가 의뢰하건 법원이 선임(選任)하여 피고나 원고를 변론하고[辯護] 기타 일반 법률 사무를 행하는 사람[士].
- **태평 太平** | = 泰平, 클 태, 평안할 평 [peaceful; quiet; carefree] ① 속뜻 세상이 크게[太] 평안(平安)함. ¶ 나라의 태평을 기원하다 / 정치가 잘되어야 나라가 태평하다. ② 마음에 아무 근심 걱정이 없음. ¶ 그는 천성이 태평하여 조급해 하는 법이 없다. ㊥ 태강(太康).
- **선견 先見** | 먼저 선, 볼 견 [send forward (in advance)] 장래의 일을 먼저[先] 봄[見]. 일이 일어나기 전에 미리 아는 일.

선된 것을 우리가 어느 모양으로나 어느 곳에서나 크게 감사하나이다.

4. 당신을 더 괴롭게 아니하려 하여 우리가 대강 여짜옵나니 관용하여 들으시기를 원하나이다.

5. 우리가 보니 이 사람은 전염병 같은 자라. 천하에 흩어진 유대인을 다 소요하게 하는 자요 나사렛 이단의 우두머리라.

6. 그가 또 성전을 더럽게 하려 하므

속뜻단어 풀이

• **관용 寬容** | 너그러울 관, 담을 용 [toleration; tolerance] 남의 잘못을 너그럽게[寬] 받아들이거나[容] 용서함. 또는 그런 용서. ¶ 관용을 베풀다. ⓑ 관면(寬免).
• **전염병 傳染病** | 전할 전, 물들일 염, 병병 [infectious disease] 전염(傳染)되기 쉬운 병(病). ¶ 법정 전염병 / 전염병이 전국을 휩쓸었다. ⓑ 돌림병.

로 우리가 잡았사오니
8. 당신이 친히 그를 심문하시면 우리
가 고발하는 이 모든 일을 아실 수
있나이다 하니
9. 유대인들도 이에 참가하여 이 말이
옳다 주장하니라.
10. 총독이 바울에게 머리로 표시하여
말하라 하니 그가 대답하되 당신이 여
러 해 전부터 이 민족의 재판장 된
것을 내가 알고 내 사건에 대하여 기

속뜻단어 풀이

- **주장 主張** | 주될 주, 벌릴 장 [assert; contend] 자기의 의견이나 주의(主義)를 널리 떠벌임[張]. 또는 그런 주의. ¶ 변호사는 무죄를 주장했다.
- **표시 表示** | 겉 표, 보일 시 [express; show; indicate] 겉[表]으로 드러내어 보임[示]. ¶ 성의를 표시하다.
- **사:건 事件** | 일 사, 것 건 [event; occurrence] ① 속뜻 일[事] 같은 것[件]. ② 문제가 되거나 관심을 끌만한 일. ¶ 사건을 발생하였다.

꺼이 변명하나이다.

11. 당신이 아실 수 있는 바와 같이 내가 예루살렘에 예배하러 올라간 지 열이틀밖에 안 되었고

12. 그들은 내가 성전에서 누구와 변론하는 것이나 회당 또는 시중에서 무리를 소동하게 하는 것을 보지 못하였으니

13. 이제 나를 고발하는 모든 일에 대하여 그들이 능히 당신 앞에 내세울

속뜻단어 풀이

- **변:론 辯論** | 말 잘할 변, 말할 론 [discuss; argue; debate] ① 속뜻 변호(辯護)하는 말을 함[論]. ② 사리를 밝혀 옳고 그름을 따짐. ③ 법률 소송 당사자나 변호인이 법정에서 주장하거나 진술함. 또는 그런 진술. ¶ 피고를 위해 변론하다.
- **소동 騷動** | 떠들 소, 움직일 동 [disturbance; agitation] 여럿이 떠들고[騷] 난리를 피움[動]. 여럿이 떠들어 댐. ¶ 건물에 불이나 한바탕 소동이 벌어졌다.

것이 없나이다.
14. 그러나 이것을 당신께 고백하리이
다. 나는 그들이 이단이라 하는 도를
따라 조상의 하나님을 섬기고 율법과
선지자들의 글에 기록된 것을 다 믿으
며
15. 그들이 기다리는 바 하나님께 향
한 소망을 나도 가졌으니 곧 의인과
악인의 부활이 있으리라 함이니이다.
16. 이것으로 말미암아 나도 하나님과

속뜻단어 풀이

- **고:백 告白** | 알릴 고, 말할 백 [confess] 마음속에 숨기고 있던 것을 알려[告] 털어놓음[白]. ¶ 그녀에게 사랑을 고백하다. ⓑ 자백(自白). ⓑ 은폐(隱蔽).
- **이:단 異端** | 다를 이, 끝 단 [heresy] ① 속뜻 다른[異] 쪽 끝[端]. ② 전통이나 권위에 반항하는 주장이나 이론. ¶ 갈릴레이의 천동설은 당시 이단으로 간주되었다. ③ 종교 자기가 믿는 종교의 교리에 어긋나는 이론이나 행동. 또는 그런 종교. ¶ 그 종파는 이단으로 간주되고 있다.

사람에 대하여 항상 양심에 거리낌이 없기를 힘쓰나이다.

17. 여러 해 만에 내가 내 민족을 구제할 것과 제물을 가지고 와서

18. 드리는 중에 내가 결례를 행하였고 모임도 없고 소동도 없이 성전에 있는 것을 그들이 보았나이다. 그러나 아시아로부터 온 어떤 유대인들이 있었으니

19. 그들이 만일 나를 반대할 사건이

속뜻단어 풀이

- **민족 民族** | 백성 민, 무리 족 [race; people] ① 속뜻 같은 지역에 살고 있는 백성[民]의 무리[族]. ② 같은 지역에서 오랫동안 공동생활을 함으로써 언어나 풍속 따위 문화 내용을 함께 하는 사람들의 집단. ¶ 미국은 여러 민족으로 이루어진 나라이다.
- **제:물 祭物** | 제사 제, 만물 물 [things offered in sacrifice] ① 속뜻 제사(祭祀)에 쓰는 음식물(飮食物). ¶ 양을 제물로 바치다. ② 희생된 물건이나 사람 따위를 비유하여 이르는 말. ㊐ 제수(祭需), 품(祭品), 천수(薦羞).
- **결례 潔禮** | 깨끗할 결, 예도 례 [Purification] 결례는 거의 모든 종교에서 찾아볼 수 있다. 종교에서 본질적이고 중요한 의식으로 취급된다. 그리스도교에서는 윤리적 의미와 의식적 의미를 함께 가지고 있다. 특히 구약성서《레위기》11~16장에는 결례에 대한 율법이 잘 나타나 있다.

있으면 마땅히 당신 앞에 와서 고발하였을 것이요

20. 그렇지 않으면 이 사람들이 내가 공회 앞에 섰을 때에 무슨 옳지 않은 것을 보았는가 말하라 하소서.

21. 오직 내가 그들 가운데 서서 외치기를 내가 죽은 자의 부활에 대하여 오늘 너희 앞에 심문을 받는다고 한 이 한 소리만 있을 따름이니이다 하니

22. 벨릭스가 이 도에 관한 것을 더

속뜻단어 풀 이

- **부:활 復活** | 다시 부, 살 활 [revive; resurrect] ① 속뜻 죽었다가 다시[復] 살아남[活]. ¶ 예수의 부활. ② 없어졌던 것이 다시 생김. ¶ 교복 착용 제도의 부활.
- **심문 審問** | 살필 심, 물을 문 [interrogate; question] ① 자세히 따져서[審] 물음[問]. ¶ 심문을 받다. ② 법률 법원이 당사자나 그 밖에 이해관계가 있는 사람에게 서면이나 구두로 개별적으로 진술할 기회를 주다. ¶ 심문 수사 / 범인을 심문하다.

자세히 아는 고로 연기하여 이르되 천
부장 루시아가 내려오거든 너희 일을
처결하리라 하고
23. 백부장에게 명하여 바울을 지키되
자유를 주고 그의 친구들이 그를 돌보
아 주는 것을 금하지 말라 하니라.
24. 수일 후에 벨릭스가 그 아내 유
대 여자 드루실라와 함께 와서 바울을
불러 그리스도 예수 믿는 도를 듣거늘
25. 바울이 의와 절제와 장차 오는

속뜻단어 풀이

- **처결 處決** | 처리할 처, 결정할 결 [settle; decide; arrange] 처리(處理)하여 결정(決定)함. ¶ 결처(決處).
- **절제 節制** | 알맞을 절, 누를 제 [moderate] 정도에 넘지 아니하도록 알맞게[節] 억누름[制]. ¶ 건강하자면 음식을 절제해야 한다.
- **장차 將次** | 앞으로 장, 차례 차 [in future; some day] ① 앞으로[將] 돌아올 순서[次]. ② 미래의 어느 때를 나타내는 말. ¶ 장차 커서 무엇이 되고 싶니?

심판을 강론하니 벨릭스가 두려워하여
대답하되 지금은 가라 내가 틈이 있으
면 너를 부르리라 하고
26. 동시에 또 바울에게서 돈을 받을
까 바라는 고로 더 자주 불러 같이
이야기하더라.
27. 이태가 지난 후 보르기오 베스도
가 벨릭스의 소임을 이어받으니 벨릭스
가 유대인의 마음을 얻고자 하여 바울
을 구류하여 두니라.

속뜻단어 풀이

- **소:임 所任** | 것 소, 맡길 임 [duty; responsibility] 맡은[任] 바[所] 직책. ¶ 소임을 충실히 행하다.
- **구류 拘留** | 잡을 구, 머무를 류 [detain; hold into custody] ① 속뜻 붙잡아[拘] 일정한 곳에 머무르게[留] 함. ② 법률 죄인을 1일 이상 30일 미만 동안 교도소나 경찰서 유치장에 가두어 자유를 속박하는 일. 또는 그런 형벌. ㊥ 구금(拘禁), 유치(留置).

1. 벨릭스 총독의 법정에서 바울은 자신을 변호하면서 자기의 신념과 복음의 내용을 밝히고 있습니다(10-23절). 그 주요 내용은 결국 무엇이었습니까? (14-16, 21절)

2. 벨릭스 총독은 뇌물을 기대하는 마음으로 여러 차례 바울 사도를 불러서 그의 이야기를 듣고자 하였습니다(24-27절). 그런 벨릭스에게 바울 사도가 전한 복음은 벨릭스 개인에게 초점을 맞춘 듯 좀 특별합니다. 그 내용을 살펴보십시오. (25절)

바울이 ( )와 ( )( )와 장차 오는 ( )( )을 강론하니, 벨릭스가 두려워하여 대답하되, 지금은 가라. 내가 틈이 있으면 너를 부르리라.

제 25 장

1. 베스도가 부임한 지 삼 일 후에 가이사랴에서 예루살렘으로 올라가니
2. 대제사장들과 유대인 중 높은 사람들이 바울을 고소할새
3. 베스도의 호의로 바울을 예루살렘으로 옮기기를 청하니 이는 길에 매복하였다가 그를 죽이고자 함이더라.
4. 베스도가 대답하여 바울이 가이사랴에 구류된 것과 자기도 멀지 않아 떠

속뜻단어 풀이

- **부임 赴任** | 나아갈 부, 맡길 임 [proceed to one's post] 임명(任命)을 받아 임지로 나아감[赴]. ¶ 새로 부임해 온 교감.
- **호:의 好意** | 좋을 호, 뜻 의 [goodwill; good wishes] 좋게[好] 생각하여 주는 마음[意]. 남에게 보이는 친절한 마음씨. ¶ 호의를 베풀다 / 친구의 호의를 거절하다. ⓑ 선의(善意). ⓑ 악의(惡意).
- **매복 埋伏** | 감출 매, 엎드릴 복[ambush; lie in] 몰래 몸을 감추고(埋) 엎드려 있음(伏). 적군을 기습하기 위하여 적당한 곳에 숨어서 기다리는 일.

나갈 것을 말하고

5. 또 이르되 너희 중 유력한 자들은 나와 함께 내려가서 그 사람에게 만일 옳지 아니한 일이 있거든 고발하라 하니라.

6. 베스도가 그들 가운데서 팔 일 혹은 십 일을 지낸 후 가이사랴로 내려가서 이튿날 재판 자리에 앉고 바울을 데려오라 명하니

7. 그가 나오매 예루살렘에서 내려온

속뜻단어 풀이

- **유:력 有力** | 있을 유, 힘 력 [strong; powerful; prime; important] ① 속뜻 힘[力]이나 세력이 있음[有]. ¶ 그는 이 지방의 유력 인사이다 / 이번 경기에서 가장 유력한 경쟁자를 물리쳤다. ② 희망이나 전망이 있음. ¶ 그가 우승 후보로 가장 유력하다.
- **재판 裁判** | 분별할 재, 판가름할 판 [administer justice; judge] ① 속뜻 옳고 그름을 분별하여[裁] 판단(判斷)함. ② 법률 구체적인 소송 사건을 해결하기 위하여 법원 또는 법관이 공권적 판단을 내리는 일. ¶ 형사재판 / 그 사건은 재판 중이다.

유대인들이 둘러서서 여러 가지 중대한 사건으로 고발하되 능히 증거를 대지 못한지라.

8. 바울이 변명하여 이르되 유대인의 율법이나 성전이나 가이사에게나 내가 도무지 죄를 범하지 아니하였노라 하니

9. 베스도가 유대인의 마음을 얻고자 하여 바울더러 묻되 네가 예루살렘에 올라가서 이 사건에 대하여 내 앞에서 심문을 받으려느냐?

속뜻단어 풀이

- **증거 證據** | 증명할 증, 근거할 거 [evidence; proof] 속뜻 어떤 사실을 증명(證明)할 수 있는 근거(根據). ¶ 그가 돈을 훔쳤다는 증거는 없다.
- **변:명 辨明** | 가릴 변, 밝을 명 [explain oneself; make an excuse] ① 속뜻 옳고 그름을 가리어[辨] 사리를 밝힘[明]. ¶ 변명의 상소를 하다. ② 자신의 잘못이나 실수에 대하여 구실을 대며 그 까닭을 말함. ¶ 변명을 늘어놓다.
- **사:건 事件** | 일 사, 것 건 [event; occurrence] ① 속뜻 일[事] 같은 것[件]. ② 문제가 되거나 관심을 끌만한 일. ¶ 사건을 발생하였다

10. 바울이 이르되 내가 가이사의 재판 자리 앞에 섰으니 마땅히 거기서 심문을 받을 것이라 당신도 잘 아시는 바와 같이 내가 유대인들에게 불의를 행한 일이 없나이다.

11. 만일 내가 불의를 행하여 무슨 죽을 죄를 지었으면 죽기를 사양하지 아니할 것이나 만일 이 사람들이 나를 고발하는 것이 다 사실이 아니면 아무도 나를 그들에게 내줄 수 없나이다.

속뜻단어 풀이

- **불의 不義** | 아닐 불, 옳을 의 [immorality] 옳지[義] 아니한[不] 일. ¶ 나는 불의를 보면 참지 못한다. ㉥ 정의(正義).
- **사양 辭讓** | 물러날 사, 넘겨줄 양 [decline; refuse] ① 속뜻 제안이나 따위를 거절하거나[辭] 권리 따위를 남에게 넘겨줌[讓]. ② 겸손하여 받아들이지 않고 남에게 양보함. ¶ 사양하지 말고 많이 드세요.

내가 가이사께 상소하노라 한대
12. 베스도가 배석자들과 상의하고 이
르되 네가 가이사에게 상소하였으니 가
이사에게 갈 것이라 하니라.
13. 수일 후에 아그립바 왕과 버니게
가 베스도에게 문안하려 가이사랴에 와
서
14. 여러 날을 있더니 베스도가 바울
의 일로 왕에게 고하여 이르되 벨릭스
가 한 사람을 구류하여 두었는데

속뜻단어 풀이

- **상:소 上訴** | 위 상, 하소연할 소 [appeal; recourse] ① 속뜻 위[上]에 하소연함[訴]. ② 법률 하급 법원의 판결에 따르지 않고 상급 법원에 재심을 요구하는 일. 종국 판결에 대하여 항소 · 상고가 인정되고, 결정 및 명령에 대하여 항고 · 재항고 · 특별 항고가 인정된다.
- **배:석 陪席** | 모실 배, 자리 석 [attend] 웃어른을 모시고[陪] 함께 참석(參席)함. ¶ 대통령 기자 회견에는 국방 장관이 배석하였다.
- **상:의 相議** | 서로 상, 의논할 의 [consult with; take counsel with] 어떤 일을 서로[相] 의논(議論)함. ¶ 나는 부모님과 오랜 상의 끝에 진로를 결정했다. ㊓ 상담(相談).

15. 내가 예루살렘에 있을 때에 유대인의 대제사장들과 장로들이 그를 고소하여 정죄하기를 청하기에

16. 내가 대답하되 무릇 피고가 원고들 앞에서 고소 사건에 대하여 변명할 기회가 있기 전에 내주는 것은 로마 사람의 법이 아니라 하였노라.

17. 그러므로 그들이 나와 함께 여기 오매 내가 지체하지 아니하고 이튿날 재판 자리에 앉아 명하여 그 사람을

속뜻단어 풀이

- **고:소 告訴** | 알릴 고, 하소연할 소 [accuse; complaint] ① 속뜻 알려서[告] 하소연함[訴]. ② 법률 범죄의 피해자나 그 법정 대리인이 수사기관에 범죄 사실을 신고하여 수사 및 범인의 소추를 요구함. ¶ 명예훼손으로 고소하다 / 고소를 취하하다. ㉥ 고발(告發).
- **피고 被告** | 당할 피, 알릴 고 [defendant; accused] ① 고발(告發)을 당함[被]. ② 민사 소송에서, 소송을 당한 쪽의 당사자.
- **원고 原告** | 근원 원, 아뢸 고 [plaintiff; suitor] ① 원래(原來) 고소(告訴)한 사람. ② 법원에 민사소송을 제기하여 재판을 청구한 사람.

데려왔으나

18. 원고들이 서서 내가 짐작하던 것 같은 악행의 혐의는 하나도 제시하지 아니하고

19. 오직 자기들의 종교와 또는 예수라 하는 이가 죽은 것을 살아 있다고 바울이 주장하는 그 일에 관한 문제로 고발하는 것뿐이라.

20. 내가 이 일에 대하여 어떻게 심리할는지 몰라서 바울에게 묻되 예루살

속뜻단어 풀이

- **혐의 嫌疑** | 의심할 혐, 의심할 의 [dislike; hate] 싫어하고[嫌] 미워함[惡]. ¶ 혐오식품 / 나는 돈만 밝히는 그를 혐오한다. ㊥ 염오(厭惡).
- **제시 提示** | 들 제, 보일 시 [present; indicate] ① 의견 따위를 말이나 글로 들러내어[提] 보임[示]. ¶ 의견을 제시하다. ② 검사나 검열 따위를 위하여 물품을 내보임. ¶ 입구에서 신분증을 제시하십시오.
- **심리 審理** | 살필 심, 다스릴 리 [hear (a case); try] ① 잘 살펴서[審] 적절히 처리(處理)함. ② 소송 사건에 관하여 법관이 판결에 필요한 모든 일을 자세히 조사함.

렘에 올라가서 이 일에 심문을 받으려느냐 한즉

21. 바울은 황제의 판결을 받도록 자기를 지켜 주기를 호소하므로 내가 그를 가이사에게 보내기까지 지켜 두라 명하였노라 하니

22. 아그립바가 베스도에게 이르되 나도 이 사람의 말을 듣고자 하노라. 베스도가 이르되 내일 들으시리이다 하더라.

속뜻단어 풀이

- **황제 皇帝** | 임금 황, 임금 제 [emperor] ① 역사 '삼황(三皇)'과 '오제(五帝)'의 준말. ② 왕이나 제후를 거느리고 나라를 통치하는 임금. ⓑ 임금.
- **판결 判決** | 판가름할 판, 결정할 결 [judge; decide] ① 속뜻 판단(判斷)하여 결정(決定)함. ② 법률 법원이 어떤 소송 사건을 법률에 따라 판단을 내림. ¶ 죄의 유무를 판결하다.

23. 이튿날 아그립바와 버니게가 크게 위엄을 갖추고 와서 천부장들과 시중의 높은 사람들과 함께 접견 장소에 들어오고 베스도의 명으로 바울을 데려오니

24. 베스도가 말하되 아그립바 왕과 여기 같이 있는 여러분이여! 당신들이 보는 이 사람은 유대의 모든 무리가 크게 외치되 살려 두지 못할 사람이라고 하여 예루살렘에서와 여기서도 내게 청원하였으나

속뜻단어 풀이

- **위엄 威嚴** | 두려워할 위, 엄할 엄 [dignity; majesty; stateliness] ① 속뜻 두려움[威]과 엄(嚴)한 느낌을 받게 함. ② 존경할 만한 위세가 있고 엄숙함. 또는 그런 모습이나 태도. ¶ 하나님은 주권과 위엄을 가지셨고 높은 곳에서 화평을 베푸시느니라.
- **접견 接見** | 맞이할 접, 볼 견 [receive; interview] ① 공식적으로 손님을 맞이하여[接] 만나 봄[見]. ¶ 접견시간 / 접견장소. ② 형사 절차에 의하여 신체의 구속을 받고 있는 피고인이나 피의자와 만남. 또는 그런 일.
- **청원 請願** | 부탁할 청, 바랄 원 [petition; request] ① 속뜻 바라는[願] 바를 말하고 이루어지게 해 달라고 부탁함[請]. ¶ 청원을 받아들이다 / 특별 휴가를 청원하다. ② 법률 국가 기관이나 지방 자치 단체에 대하여 국민이 문서로서 희망 사항을 진술함.

25. 내가 살피건대 죽일 죄를 범한 일이 없더이다. 그러나 그가 황제에게 상소한 고로 보내기로 결정하였나이다.

26. 그에 대하여 황제께 확실한 사실을 아뢸 것이 없으므로 심문한 후 상소할 자료가 있을까 하여 당신들 앞 특히 아그립바 왕 당신 앞에 그를 내세웠나이다.

27. 그 죄목도 밝히지 아니하고 죄수를 보내는 것이 무리한 일인 줄 아나

속뜻단어 풀이

- **자료 資料** | 밑천 자, 거리 료 [data] 무엇을 하기 위한 밑천[資]이나 바탕이 되는 재료(材料). 특히 연구나 조사 등의 바탕이 되는 재료. ¶ 연구 자료 / 그녀는 소설을 쓰기 위해 자료를 수집하고 있다.
- **죄:목 罪目** | 죄 죄, 눈 목 [name of a crime; charge] 범죄(犯罪)의 종류나 항목(項目). ¶ 검사가 죄목을 열거했다.

이다 하였더라.

1. 벨릭스의 후임 총독으로 온 베스도 앞에서 바울 사도는 황제(가이사)에게 재판을 받게 해달라고 요청하고 있는데. 그 이유는 무엇이라고 생각합니까? (8-12절)

2. 때마침 유대지역의 또 다른 고위 관료인 아그립바 왕과 그의 부인 버니게가 신임 총독인 베스도에게 인사를 오게 됩니다(13절). 이렇듯 바울 사도는 비록 법정에 구속된 상태에 있었으나, 지위가 높은 여러 사람들에게 복음 전할 기회를 가지게 되었고 이제 로마의 황제 앞에도 가게 되었습니다. 이러한 상황을 어떻게 이해해야 할까요? 주님께서 바울에게 해주신 아래 말씀을 다시 기억하면서 생각해보세요.

나더러 또 이르시되, "떠나가라. 내가 너를 멀리 ( )( )( )에게로 보내리라" 하셨느니라. (22장 21절)

제26장

1. 아그립바가 바울에게 이르되 너를 위하여 말하기를 네게 허락하노라 하니 이에 바울이 손을 들어 변명하되

2. 아그립바 왕이여 유대인이 고발하는 모든 일을 오늘 당신 앞에서 변명하게 된 것을 다행히 여기나이다.

3. 특히 당신이 유대인의 모든 풍속과 문제를 아심이니이다. 그러므로 내 말을 너그러이 들으시기를 바라나이다.

속뜻단어 풀이

- **변:명 辨明** | 가릴 변, 밝을 명 [explain oneself; make an excuse] ① 속뜻 옳고 그름을 가리어[辨] 사리를 밝힘[明]. ¶ 변명의 상소를 하다. ② 자신의 잘못이나 실수에 대하여 구실을 대며 그 까닭을 말함. ¶ 변명을 늘어놓다.
- **풍속 風俗** | 바람 풍, 속될 속 [manners; customs] ① 속뜻 한 사회의 풍물(風物)과 습속(習俗). ② 옛날부터 그 사회에 전해 오는 생활 전반에 걸친 습관. ¶ 이 마을에는 옛날 풍속이 잘 보존되어 있다. ③ 그 시대의 유행과 습관. ㊥ 풍습(風習).

4. 내가 처음부터 내 민족과 더불어 에루살렘에서 젊었을 때 생활한 상황을 유대인이 다 아는 바라.

5. 일찍부터 나를 알았으니 그들이 증언하려 하면 내가 우리 종교의 가장 엄한 파를 따라 바리새인의 생활을 하였다고 할 것이라.

6. 이제도 여기 서서 심문 받는 것은 하나님이 우리 조상에게 약속하신 것을 바라는 까닭이니

속뜻단어 풀이

- **상황 狀況** | 형상 상, 형편 황 [conditions; situation] 어떤 일의 그때의 모습[狀]이나 형편[況]. ¶ 상황을 판단하다 / 상황이 나빠지다.
- **엄한 嚴-** | 엄할 엄 [strict; tough] ① 규율이나 규칙을 적용하거나 예절을 가르치는 것이 매우 철저한. ¶ 우리 학교는 규율이 엄하다. ② 성격이나 행동이 철저하고 까다롭다. ¶ 엄한 선생님.
- **파 派** | 갈래 파 [group; clique; branch of a family] ① 학문 · 주의 · 사상 · 행동 등을 같이하는 사람들의 집단. ¶ 파가 갈리다. ② 하나의 조상에서 갈라져 나온 집안의 갈래. ¶ 전주 이 씨 효령대군 파.

7. 이 약속은 우리 열두 지파가 밤낮으로 간절히 하나님을 받들어 섬김으로 얻기를 바라는 바인데 아그립바 왕이여 이 소망으로 말미암아 내가 유대인들에게 고소를 당하는 것이니이다.

8. 당신들은 하나님이 죽은 사람을 살리심을 어찌하여 못 믿을 것으로 여기나이까?

9. 나도 나사렛 예수의 이름을 대적하여 많은 일을 행하여야 될 줄 스스로

속뜻단어 풀이

- **지파 支派** | 가를 지, 갈래 파 [lateral branch; scion of a family] ① 속뜻 종파(宗派)에서 갈라져[支] 나간 파(派). 맏이가 아닌 자손에서 갈라져 나간 파를 일컫는다. ② 기독교 이스라엘의 12지파를 이르는 말. 비 세파(世派).
- **소:망 所望** | 것 소, 바랄 망 [desire; wish] 바라는[望] 어떤 것[所]. ¶ 새해 소망. 비 바람, 소원(所願), 희망(希望).
- **대적 對敵** | 대할 대, 원수 적[match] 적(敵)을 마주 대(敵)함. 적과 맞섬. 서로 맞서 겨룸.

생각하고
10. 예루살렘에서 이런 일을 행하여
대제사장들에게서 권한을 받아 가지고
많은 성도를 옥에 가두며 또 죽일 때
에 내가 찬성 투표를 하였고
11. 또 모든 회당에서 여러 번 형벌
하여 강제로 모독하는 말을 하게 하고
그들에 대하여 심히 격분하여 외국 성
에까지 가서 박해하였고
12. 그 일로 대제사장들의 권한과 위

속뜻단어 풀이

- **투표 投票** | 던질 투, 쪽지 표 [vote; ballot] ① 속뜻 표(票)를 던짐[投]. ② 선거를 하거나 가부를 결정할 때에 투표용지에 의사를 표시하여 일정한 곳에 내는 일. ¶ 이번 방학 때 어디로 놀러 갈지 투표로 정하자.
- **모:독 冒瀆** | 시기할 모, 더러워질 독 [insult; blaspheme] 남을 시기하고[冒] 더럽힘[瀆]. ¶ 모독 행위 / 인격을 모독하는 말은 하면 안 된다. ㊥ 모욕(侮辱)
- **격분 激忿** | 격할 격, 성낼 분 [rage; be enraged] 격렬(激烈)한 분노(忿怒). 몹시 성을 냄. ¶ 그의 몰염치한 태도에 격분했다. ㊥ 격노(激怒).

임을 받고 다메섹으로 갔나이다.
13. 왕이여 정오가 되어 길에서 보니 하늘로부터 해보다 더 밝은 빛이 나와 내 동행들을 둘러 비추는지라.
14. 우리가 다 땅에 엎드러지매 내가 소리를 들으니 히브리 말로 이르되 사울아 사울아 네가 어찌하여 나를 박해하느냐 가시채를 뒷발질하기가 네게 고생이니라.
15. 내가 대답하되 주님 누구시니이까?

속뜻단어 풀이
- **정:오 正午** | 바를 정, 낮 오 [noon; high noon] 낮[午]의 한[正] 가운데. 열두 시. 태양이 한가운데 위치하는 시각. ㉥ 오정(午正). ㉦ 자정(子正).
- **동행 同行** | 같을 동, 갈 행 [going together] 같이[同] 길을 감[行].

주께서 이르시되 나는 네가 박해하는
예수라.
16. 일어나 너의 발로 서라. 내가
네게 나타난 것은 곧 네가 나를 본
일과 장차 내가 네게 나타날 일에 너
로 종과 증인을 삼으려 함이니
17. 이스라엘과 이방인들에게서 내가
너를 구원하여 그들에게 보내어
18. 그 눈을 뜨게 하여 어둠에서 빛
으로, 사탄의 권세에서 하나님께로 돌

속뜻단어 풀이

- **증인 證人** | 증거 증, 사람 인 [witness] 어떤 사실을 증명(證明)하는 사람.
- **권세 權勢** | 권세 권, 기세 세 [power; influence] 권력(權力)과 세력(勢力)을 아울러 이르는 말.

아오게 하고 죄 사함과 나를 믿어 거룩하게 된 무리 가운데서 기업을 얻게 하리라 하더이다.

19. 아그립바 왕이여 그러므로 하늘에서 보이신 것을 내가 거스르지 아니하고

20. 먼저 다메섹과 예루살렘에 있는 사람과 유대 온 땅과 이방인에게까지 회개하고 하나님께로 돌아와서 회개에 합당한 일을 하라 전하므로

속뜻단어 풀이

- **기업 企業** | 꾀할 기, 일 업 [enterprise; company] ① 속뜻 이익을 꾀하기[企] 위하여 일[業]을 함. ② 영리를 목적으로 운영하는 사업체. ¶ 기업을 운영하다.
- **합당 合當** | 합할 합, 적당할 당 [suitable] 어떤 기준이나 조건에 부합(符合)하여 적당(適當)하다.

21. 유대인들이 성전에서 나를 잡아 죽이고자 하였으나

22. 하나님의 도우심을 받아 내가 오늘까지 서서 높고 낮은 사람 앞에서 증언하는 것은 선지자들과 모세가 반드시 되리라고 말한 것밖에 없으니

23. 곧 그리스도가 고난을 받으실 것과 죽은 자 가운데서 먼저 다시 살아나사 이스라엘과 이방인들에게 빛을 전하시리라 함이니이다 하니라.

속뜻단어 풀이

- **고:난 苦難** | 괴로울 고, 어려울 난 [suffering; hardship] 괴로움[苦]과 어려움[難]을 아울러 이르는 말. ¶ 고난 속에 인생의 기쁨이 있다. (비) 고초(苦楚).
- **이방인 異邦人** | 다를 이, 나라 방, 사람 인 [stranger; foreigner] ① 다른[異] 나라[邦] 사람[人]. ② 유대 사람들이 선민(選民) 의식에서 그들 이외의 다른 민족을 얕잡아 이르던 말. (비) 이국인(異國人).

24. 바울이 이같이 변명하매 베스도가 크게 소리 내어 이르되 바울아! 네가 미쳤도다. 네 많은 학문이 너를 미치게 한다 하니

25. 바울이 이르되 베스도 각하여! 내가 미친 것이 아니요 참되고 온전한 말을 하나이다.

26. 왕께서는 이 일을 아시기로 내가 왕께 담대히 말하노니 이 일에 하나라도 아시지 못함이 없는 줄 믿나이다.

속뜻단어 풀이

- **학문 學文** | 배울 학, 글월 문 [learning] ① 속뜻 글[文]을 배움[學]. ②시서(詩書) · 육예(六藝)를 배우는 일.
- **각하 閣下** | 대궐 각, 아래 하 [Your Excellency] ① 대궐[閣] 아래[下]. ② 특정한 고급 관료에 대한 경칭. ¶ 대통령 각하 / 의장 각하. ㊎ 전하(殿下), 성하(聖下).
- **온:전 穩全** | 평온할 온, 온전할 전 [be intact] ① 속뜻 평온(平穩)하고 완전(完全)하다. ② 본바탕대로 고스란히 다 있다. ¶ 온전한 그릇이 하나도 없다. ③ 잘못된 것이 없이 바르거나 옳다. ¶ 정신이 온전한 사람이라면 그런 짓을 할 리가 없다.

이 일은 한쪽 구석에서 행한 것이 아니니이다.

27. 아그립바 왕이여! 선지자를 믿으시나이까? 믿으시는 줄 아나이다.

28. 아그립바가 바울에게 이르되 네가 적은 말로 나를 권하여 그리스도인이 되게 하려 하는도다.

29. 바울이 이르되 말이 적으나 많으나 당신뿐만 아니라 오늘 내 말을 듣는 모든 사람도 다 이렇게 결박된 것

속뜻단어 풀이

- **선지-자 先知者** | 먼저 선, 알 지, 사람 자 [prophet; prophetess] ① 속뜻 세상일을 남보다 먼저[先] 깨달아 아는[知] 사람[者]. ⓑ 선각자(先覺者). ② 지난날 '예언자(預言者)'를 이르던 말. 선지
- **결박 結縛** | 맺을 결, 묶을 박 [bind; tie] 움직이지 못하게 단단히 매듭을 지어[結] 묶음[縛]. ¶ 형사는 범인을 결박하였다. ⓑ 포박(捕縛).

외에는 나와 같이 되기를 하나님께 원
하나이다 하니라.
30. 왕과 총독과 버니게와 그 함께
앉은 사람들이 다 일어나서
31. 물러가 서로 말하되 이 사람은
사형이나 결박을 당할 만한 행위가 없
다 하더라.
32. 이에 아그립바가 베스도에게 이르
되 이 사람이 만일 가이사에게 상소하
지 아니하였더라면 석방될 수 있을 뻔

속뜻단어 풀이

- **사:형 死刑** | 죽을 사, 형벌 형 [condemn to death; put to death] 죄인을 죽이는[死] 형벌(刑罰). ¶ 사형을 선고하다.
- **행위 行爲** | 행할 행, 할 위 [act] 행동(行動)을 함[爲]. 특히, 자유의사에 따라서 하는 행동을 이른다. ¶ 행위예술 / 불법행위. ㉥ 행동(行動).

하였다 하니라.

1. 바울 사도는 지금 아그립바 앞에서 다시 자신의 간증을 통하여 복음을 전하고 있습니다(1-23절). 바울이 여기에서 "믿을 만한 사실"이라고 강조하는 것은 무엇인가요? (8절)

2. 사도 바울은 이 간증 속에서 주님이 주신 소명과 복음을 믿는 믿음의 효력에 대하여 어떻게 말하고 있는지 깊이 생각해보기 바랍니다. (15-18절)

이스라엘과 이방인들에게서 내가 너를 ( )( )하여 그들에게 보내어 그 눈을
뜨게 하여 ( )( )에서 빛으로, ( )( )의 권세에서 하나님께로 돌아오게 하고,
죄 사함과 나를 믿어 ( )( )하게 된 무리 가운데서 ( )( )을 얻게 하리라.

3. 바울 사도의 간증적인 복음설교를 듣고도 베스도와 아그립바는 당황스러워하면서 믿기를 거부하는 태도를 보이고 있습니다(24-29절). 이러한 중에 사도 바울이 그들을 향해 가진 간절한 마음은 무엇인가요? (28-29절)

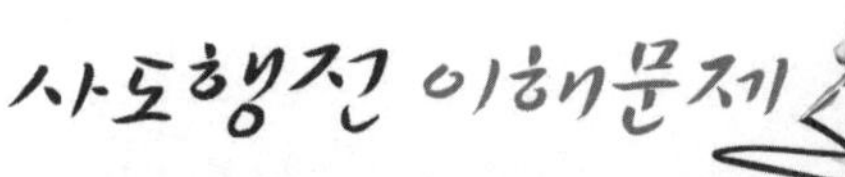

제 27 장

1. 우리가 배를 타고 이달리아에 가기로 작정되매 바울과 다른 죄수 몇 사람을 아구스도대의 백부장 율리오란 사람에게 맡기니

2. 아시아 해변 각처로 가려 하는 아드라뭇데노 배에 우리가 올라 항해할새 마게도냐의 데살로니가 사람 아리스다고도 함께 하니라.

3. 이튿날 시돈에 대니 율리오가 바울

속뜻단어 풀이

- **각처 各處** | 여러 각, 곳 처 [every place] 각각(各各)의 여러 곳[處]. 모든 곳. ¶ 전국 각처에서 대회가 열렸다. ⓑ 각지(各地), 방방곡곡(坊坊曲曲).
- **항해 航海** | 건널 항, 바다 해 [voyage] 배를 타고 바다[海]를 건너다님[航]. ¶ 그는 또 다시 기나긴 항해를 떠났다.

을 친절히 대하여 친구들에게 가서 대접 받기를 허락하더니

4. 또 거기서 우리가 떠나가다가 맞바람을 피하여 구브로 해안을 의지하고 항해하여

5. 길리기아와 밤빌리아 바다를 건너 루기아의 무라 시에 이르러

6. 거기서 백부장이 이달리아로 가려 하는 알렉산드리아 배를 만나 우리를 오르게 하니

속뜻단어 풀이

- **맞바람** [contrary wind] 마주 불어오는 바람. ㉥ 순풍(順風).
- **해:안 海岸** | 바다 해, 언덕 안 [coast] 바닷가[海]의 언덕[岸]. 바다의 기슭. ¶ 해안을 따라 산책하다.

7. 배가 더디 가 여러 날 만에 간신히 니도 맞은편에 이르러 풍세가 더 허락하지 아니하므로 살모네 앞을 지나 그레데 해안을 바람막이로 항해하여
8. 간신히 그 연안을 지나 미항이라는 곳에 이르니 라새아 시에서 가깝더라.
9. 여러 날이 걸려 금식하는 절기가 이미 지났으므로 항해하기가 위태한지라 바울이 그들을 권하여
10. 말하되 여러분이여! 내가 보니

속뜻단어 풀 이

- **풍세 風勢** | 바람 풍, 힘 세 [force of the wind] 바람[風]의 힘[勢]. 곧 바람의 강약. ㊥ 풍력(風力).
- **연안 沿岸** | 따를 연, 언덕 안 [coast; shore] ① 속뜻 강이나 호수, 바다의 언덕[岸]을 따라[沿] 있는 땅. ② 육지와 면한 바다 · 강 · 호수 따위의 물가. ¶ 돌고래는 태평양 연안에 서식한다.
- **위태 危殆** | 두려울 위, 다급할 태 [dangerous; perilous; risky] ① 속뜻 두렵고[危] 다급함[殆]. ② 안심할 수 없을 정도로 다급하다. ¶ 생명이 위태하다 / 목숨이 위태롭다 / 위태위태한 줄타기 묘기.

이번 항해가 하물과 배만 아니라 우리 생명에도 타격과 많은 손해를 끼치리라 하되

11. 백부장이 선장과 선주의 말을 바울의 말보다 더 믿더라.

12. 그 항구가 겨울을 지내기에 불편하므로 거기서 떠나 아무쪼록 뵈닉스에 가서 겨울을 지내자 하는 자가 더 많으니 뵈닉스는 그레데 항구라 한쪽은 서남을, 한쪽은 서북을 향하였더라.

속뜻단어 풀이

- **하:물 荷物** | 짐 하, 만물 물 [baggage; luggage] 짐[荷]이 되는 물건(物件). 짐.
- **선주 船主** | 배 선, 주인 주 [shipowner] 배[船]의 임자[主]. ¶ 그는 수십 척의 어선을 가진 선주였다.

13. 남풍이 순하게 불매 그들이 뜻을 이룬 줄 알고 닻을 감아 그레데 해변을 끼고 항해하더니

14. 얼마 안 되어 섬 가운데로부터 유라굴로라는 광풍이 크게 일어나니

15. 배가 밀려 바람을 맞추어 갈 수 없어 가는 대로 두고 쫓겨가다가

16. 가우다라는 작은 섬 아래로 지나 간신히 거루를 잡아

17. 끌어 올리고 줄을 가지고 선체를

속뜻단어 풀이

• **광풍 狂風** | 미칠 광, 바람 풍 [gale] 미친 듯이[狂] 사납게 부는 바람[風].
• **거루** [a lighter] 거룻배, 돛이 없는 작은 배.

둘러 감고 스르디스에 걸릴까 두려워하여 연장을 내리고 그냥 쫓겨가더니

18. 우리가 풍랑으로 심히 애쓰다가 이튿날 사공들이 짐을 바다에 풀어 버리고

19. 사흘째 되는 날에 배의 기구를 그들의 손으로 내버리니라.

20. 여러 날 동안 해도 별도 보이지 아니하고 큰 풍랑이 그대로 있으매 구원의 여망마저 없어졌더라.

속뜻단어 풀 이

- **풍랑 風浪** | 바람 풍, 물결 랑 [wind and waves; heavy seas] ① 속뜻 바람[風]과 물결[浪]. ② 지리 해상에서 바람이 강하게 불어 일어나는 물결. ¶ 배가 풍랑에 휩쓸렸다.
- **사공 沙工** | =砂工, 모래 사, 장인 공 [boatman; waterman] ① 속뜻 모래밭[沙]에서 일하는 장인[工]. ② 노를 저어 배를 부리는 사람. '뱃사공'의 준말. 속담 사공이 많으면 배가 산으로 간다.
- **여망 餘望** | 남을 여, 바랄 망 [remaining hope; hope for the future] ① 아직 남아[餘] 있는 희망(希望). ② 앞으로의 희망. ¶ 여망 없는 신세.

21. 여러 사람이 오래 먹지 못하였으매 바울이 가운데 서서 말하되 여러분이여! 내 말을 듣고 그레데에서 떠나지 아니하여 이 타격과 손상을 면하였더라면 좋을 뻔하였느니라.

22. 내가 너희를 권하노니 이제는 안심하라 너희 중 아무도 생명에는 아무런 손상이 없겠고 오직 배뿐이리라.

23. 내가 속한 바 곧 내가 섬기는 하나님의 사자가 어제 밤에 내 곁에

속뜻단어 풀이

- **타:격 打擊** | 칠 타, 칠 격 [hit; damage; batting] ① 속뜻 세게 때려[打] 침[擊]. ¶ 그는 머리에 심한 타격을 입고 쓰러졌다. ② 어떤 영향 때문에 기세나 의기가 꺾이는 일. ¶ 우리나라 산업에 치명적인 타격을 줄 수 있다. ③ 야구에서 투수가 던지는 공을 타자가 배트로 치는 일. ¶ 그는 오늘 경기에서 뛰어난 타격 실력을 선보였다.
- **손:상 損傷** | 덜 손, 상할 상 [damage; injure] 온전한 것이 덜거나[損] 상함[傷]. ¶ 손상되지 않도록 잘 다루다.
- **사:자 使者** | 부릴 사, 사람 자 [envoy; emissary] ① 속뜻 명령이나 부탁을 받고 심부름하는[使] 사람[者]. ② 법률 타인의 완성된 의사 표시를 전하는 사람. 또는 타인이 결정한 의사를 상대편에게 알려 그 의사 표시를 완성하는 사람. ③ 역사 부여·고구려 때에, 지방의 조세나 공물을 거두는 일을 맡아보던 벼슬. 비 행인(行人).

서서 말하되

24. 바울아! 두려워하지 말라. 네가
가이사 앞에 서야 하겠고 또 하나님께
서 너와 함께 항해하는 자를 다 네게
주셨다 하였으니

25. 그러므로 여러분이여! 안심하라.
나는 내게 말씀하신 그대로 되리라고
하나님을 믿노라.

26. 그런즉 우리가 반드시 한 섬에
걸리리라 하더라.

속뜻단어 풀이

- **항해 航海** | 건널 항, 바다 해 [voyage] 배를 타고 바다[海]를 건너다님[航]. ¶ 그는 또 다시 기나긴 항해를 떠났다.
- **안심 安心** | 편안할 안, 마음 심 [be relieved] ① 마음[心]을 편안(便安)하게 가짐. ¶ 나는 그의 전화를 받고 나서야 안심이 되었다. ② 불교 불교의 가르침을 깨닫거나 수행의 체험으로 움직임이 없는 경지에 마음을 머무르게 함. ㊐ 안도(安堵).

27. 열나흘째 되는 날 밤에 우리가 아드리아 바다에서 이리저리 쫓겨가다가 자정쯤 되어 사공들이 어느 육지에 가까워지는 줄을 짐작하고

28. 물을 재어 보니 스무 길이 되고 조금 가다가 다시 재니 열다섯 길이라

29. 암초에 걸릴까 하여 고물로 닻 넷을 내리고 날이 새기를 고대하니라.

30. 사공들이 도망하고자 하여 이물에서 닻을 내리는 체하고 거룻배를 바다

속뜻단어 풀이

- **고물** [Stern] 배의 뒤쪽이 되는 부분, 선미(船尾)를 말한다.
- **이물** [bow] 배의 머리. ㉥ 선수(船首). ㉥ 고물.
- **거룻배** [lighter; barge] 돛이 없는 작은 배. ¶ 거룻배에서 짐을 내리다. ㉥ 소선(小船).

에 내려 놓거늘
31. 바울이 백부장과 군인들에게 이르
되 이 사람들이 배에 있지 아니하면
너희가 구원을 얻지 못하리라 하니
32. 이에 군인들이 거룻줄을 끊어 떼
어 버리니라.
33. 날이 새어 가매 바울이 여러 사
람에게 음식 먹기를 권하여 이르되 너
희가 기다리고 기다리며 먹지 못하고
주린 지가 오늘까지 열나흘인즉

속뜻단어 풀이

- **거룻줄** [the ropes of the boat] 거룻배에 묶여 있던 밧줄
- **열나흘** [fourteen days] 열넷째 날. 14일. 열흘과 나흘을 합한 말로 열넷째 날(14일)을 말한다.

34. 음식 먹기를 권하노니 이것이 너희의 구원을 위하는 것이요 너희 중 머리카락 하나도 잃을 자가 없으리라 하고

35. 떡을 가져다가 모든 사람 앞에서 하나님께 축사하고 떼어 먹기를 시작하매

36. 그들도 다 안심하고 받아 먹으니

37. 배에 있는 우리의 수는 전부 이백칠십육 명이더라.

속뜻단어 풀이

- **구:원 救援** | 건질 구, 당길 원 [rescue; relieve] ① 속뜻 물에 빠진 사람을 건져주기[救] 위해 잡아당김[援]. ② 어려움이나 위험에 빠진 사람을 구하여 줌. ¶ 구원의 손길 / 구원이 우환이라. ③ 기독교 인류를 죽음과 고통과 죄악에서 건져내는 일. ¶ 인간의 영혼을 죄에서 구원하다. ㉥ 구증(救拯), 원구(援救), 구제(救濟).
- **축사 祝辭** | 빌 축, 말씀 사 [congratulatory address; greetings] 축하(祝賀)의 뜻으로 하는 말[辭]. ¶ 축사를 낭독하다.

38. 배부르게 먹고 밀을 바다에 버려
배를 가볍게 하였더니
39. 날이 새매 어느 땅인지 알지 못
하나 경사진 해안으로 된 항만이 눈에
띄거늘 배를 거기에 들여다 댈 수 있
는가 의논한 후
40. 닻을 끊어 바다에 버리는 동시에
키를 풀어 늦추고 돛을 달고 바람에
맞추어 해안을 향하여 들어가다가
41. 두 물이 합하여 흐르는 곳을 만

속뜻단어 풀이

- **항:만 港灣** | 항구 항, 물굽이 만 [harbors] 바닷가의 굽어 들어간 곳[灣]에 만든 항구(港口). 또는 그렇게 만든 해역(海域). ¶ 항만 시설.
- **키** [helm; wheel] 배의 방향을 조종하는 장치. ¶ 키를 반대 방향으로 돌리다.
- **돛** [sail] 돛대에 달아 바람을 받게 하는 천으로 만든 기구. ¶ 돛을 올리고 항해를 시작했다.

나 배를 걸매 이물은 부딪쳐 움직일 수 없이 붙고 고물은 큰 물결에 깨어져 가니

42. 군인들은 죄수가 헤엄쳐서 도망할까 하여 그들을 죽이는 것이 좋다 하였으나

43. 백부장이 바울을 구원하려 하여 그들의 뜻을 막고 헤엄칠 줄 아는 사람들을 명하여 물에 뛰어내려 먼저 육지에 나가게 하고

속뜻단어 풀이

- **물-결 (波, 물결 파; 浪, 물결 랑)** [wave; stream] ① 바람 등에 의해서 물이 움직여 수면이 올라갔다 내려왔다 하는 것. ¶ 물결이 출렁이다. ② 파도처럼 움직이는 어떤 모양이나 현상을 비유적으로 이르는 말. ¶ 시대의 물결. ㊥ 파랑(波浪), 파도(波濤), 풍조(風潮), 추세(趨勢).
- **죄:수 罪囚** | 허물 죄, 가둘 수 [prisoner] 죄(罪)를 저지르고 옥에 갇힌[囚] 사람. ¶ 죄수들은 수갑을 차고 있었다. ㊥ 수인(囚人).
- **도망 逃亡** | 달아날 도, 달아날 망 [escape; runaway] 피하거나 쫓기어 달아남[逃=亡]. ¶ 도망 중인 용의자 / 슬그머니 도망가다 / 간신히 도망치다. ㊥ 도주(逃走).

44. 그 남은 사람들은 널조각 혹은 배 물건에 의지하여 나가게 하니 마침내 사람들이 다 상륙하여 구조되니라.

속뜻단어 풀이

- **널:-조각** [broken pieces of the ship] 널빤지 조각. ¶ 널조각을 잘 다듬다. ㊥ 널쪽, 목판(木板).
- **의지 依支** | 기댈 의, 버틸 지 [lean on] ① 속뜻 다른 것에 기대어[依] 몸을 지탱(支撐)함. 또는 그렇게 하는 대상. ¶ 문기둥을 의지하여 간신히 서 있다 / 할머니는 지팡이에 의지하여 걸었다. ② 다른것에 마음을 기대어 도움을 받음. 또는 그렇게 하는 대상. ¶ 언니는 나에게 큰 의지가 되었다 / 의지할 수 있는 사람이 필요하다.
- **상:륙 上陸** | 위 상, 뭍 륙 [land] 배에서 뭍으로[陸] 오름[上]. ¶ 맥아더 장군은 인천에 상륙했다.

1. 드디어 바울은 제국의 수도 로마로 가는 배에 올랐습니다. 그러나 사도 바울의 말을 듣지 않은 선장과 백부장 때문에 배는 태풍을 만나 좌초 위기에 처하게 됩니다(11절). 이러한 위기 상황 속에서도 주님은 바울에게 오셔서 말씀으로 위로하시고 용기를 북돋아 주셨습니다(23-24절). 이 말씀에 대한 바울 사도의 태도는 어떠했나요? (25-26절)

2. 바울은 비록 죄수의 신분이었지만, 위기를 관리하고 실의에 빠진 사람들을 격려하는 일에 주도적인 역할을 하고 있습니다(27-44절). 그가 그렇게 할 수 있었던 힘은 어디에서 왔는지 잘 생각해 보세요.

바울아, ( )( )( )하지 말라. 네가 가이사 앞에 서야 하겠고, 또
( )( )( )께서 너와 함께 항해하는 자를 다 ( )( ) 주셨다. (24절)

제 28 장

1. 우리가 구조된 후에 안즉 그 섬은 멜리데라 하더라.

2. 비가 오고 날이 차매 원주민들이 우리에게 특별한 동정을 하여 불을 피워 우리를 다 영접하더라.

3. 바울이 나무 한 묶음을 거두어 불에 넣으니 뜨거움으로 말미암아 독사가 나와 그 손을 물고 있는지라.

4. 원주민들이 이 짐승이 그 손에 매

속뜻단어 풀이

- **원주민 原住民** | 본디 원, 살 주, 백성 민 [native] 그 지역에 본디부터 살고 있는[原住] 사람들[民]. ¶ 그 나라는 아프리카 원주민을 몰아내고 나라를 세웠다. ⓑ 이주민(移住民).
- **동정 同情** | 한가지 동, 마음 정 [sympathize with] ① 속뜻 마음[情]을 함께 함[同]. ② 남의 어려운 처지를 자기 일처럼 딱하고 가엾게 여겨 온정을 베풂. ¶ 동정하는 거라면 필요 없어요.

달려 있음을 보고 서로 말하되 진실로
이 사람은 살인한 자로다 바다에서는
구조를 받았으나 공의가 그를 살지 못
하게 함이로다 하더니
5. 바울이 그 짐승을 불에 떨어 버리
매 조금도 상함이 없더라.
6. 그들은 그가 붓든지 혹은 갑자기
쓰러져 죽을 줄로 기다렸다가 오래 기
다려도 그에게 아무 이상이 없음을 보
고 돌이켜 생각하여 말하되 그를 신이

속뜻단어 풀 이

- **구조 救助** | 도울 구, 도울 조 [rescue; relief] 재난 따위를 당하여 어려운 처지에 빠진 사람을 도와줌[救=助]. ¶ 인명을 구조하다. ㉥ 구명(救命).
- **공의 公義** | 공평할 공, 옳을 의 [righteousness; justice] 공평하고[公] 옳음[義].

라 하더라.

7. 이 섬에서 가장 높은 사람 보블리

오라 하는 이가 그 근처에 토지가 있

는지라 그가 우리를 영접하여 사흘이나

친절히 머물게 하더니

8. 보블리오의 부친이 열병과 이질에

걸려 누워 있거늘 바울이 들어가서 기

도하고 그에게 안수하여 낫게 하매

9. 이러므로 섬 가운데 다른 병든 사

람들이 와서 고침을 받고

속뜻단어 풀이

- **토지 土地** | 흙 토, 땅 지 [land; ground] ① 속뜻 흙[土]과 땅[地]. ② 사람의 생활과 활동에 이용하는 땅. ¶ 이 토지는 어떤 용도로도 이용 가능하다. ③ 법률 사람에 의한 이용이나 소유의 대상으로서 받아들여지는 경우의 땅.
- **부친 父親** | 아버지 부, 어버이 친 [one's father] ① 부계(父系) 친족(親族). ② '아버지'를 정중히 일컫는 말. ¶ 그의 부친이 돌아가셨다고 한다. ⓑ 모친(母親).
- **이:질 痢疾** | 설사 리, 병 질 [dysentery] 의학 설사[痢]를 자주 하는 질병(疾病). 똥이 자주 마렵고, 똥에 피와 고름이 섞여 나온다. ¶ 손을 자주 씻지 않으면 이질에 걸리기 쉽다. ⓑ 이증(痢症).

10. 후한 예로 우리를 대접하고 떠날
때에 우리 쓸 것을 배에 실었더라.
11. 석 달 후에 우리가 그 섬에서
겨울을 난 알렉산드리아 배를 타고 떠
나니 그 배의 머리 장식은 디오스구로
라.
12. 수라구사에 대고 사흘을 있다가
13. 거기서 둘러가서 레기온에 이르러
하루를 지낸 후 남풍이 일어나므로 이
튿날 보디올에 이르러

속뜻단어 풀이

- **대접 待接** | 기다릴 대, 맞이할 접 [treat] ① 남을 기다려[待] 맞이함[接]. ② 음식을 차려 손님을 맞이함. ¶ 대접할 것이 마땅찮다. ③ 어떤 인격적 수준으로 사람을 대우하거나 대함. ¶ 자녀를 동등한 인격체로 대접하다. ㊥ 영접(迎接), 응접(應接). ㊤ 푸대접.
- **장식 裝飾** | 꾸밀 장, 꾸밀 식 [decorate] 겉모양을 아름답게 꾸밈[裝=飾]. 또는 그 꾸밈새나 장식물. ¶ 실내 장식 / 아이들과 크리스마스트리를 장식했다.

14. 거기서 형제들을 만나 그들의 청함을 받아 이레를 함께 머무니라. 그래서 우리는 이와 같이 로마로 가니라.

15. 그 곳 형제들이 우리 소식을 듣고 압비오 광장과 트레이스 타베르네까지 맞으러 오니 바울이 그들을 보고 하나님께 감사하고 담대한 마음을 얻으니라.

16. 우리가 로마에 들어가니 바울에게는 자기를 지키는 한 군인과 함께 따

속뜻단어 풀이

- **광장 廣場** | 넓을 광, 마당 장 [open space] 많은 사람이 모일 수 있도록 거리에 만들어 놓은 넓은[廣] 빈 터[場]. ¶ 광장에서 음악회가 열렸다.
- **담대 膽大** | 쓸개 담, 클 대 [bold; intrepid] ① 속뜻 담력(膽力)이 큼[大]. ② 겁이 전혀 없고 배짱이 두둑함. ¶ 그의 담대함에 놀랐다. ㊥ 대담(大膽)하다.

로 있게 허락하더라.

17. 사흘 후에 바울이 유대인 중 높은 사람들을 청하여 그들이 모인 후에 이르되 여러분 형제들아 내가 이스라엘 백성이나 우리 조상의 관습을 배척한 일이 없는데 예루살렘에서 로마인의 손에 죄수로 내준 바 되었으니

18. 로마인은 나를 심문하여 죽일 죄목이 없으므로 석방하려 하였으나

19. 유대인들이 반대하기로 내가 마지

속뜻단어 풀이

- **관습 慣習** | 버릇 관, 버릇 습 [custom] 어떤 사회에서 오랫동안 지켜 내려와[慣] 그 사회구성원들이 널리 인정하는 질서나 풍습(風習). ¶ 오랜 관습을 깨다. ⓑ 관례(慣例), 관행(慣行).
- **배척 排斥** | 물리칠 배, 물리칠 척 [exclude; ostracize] 반대하여 물리침[排=斥].
- **석방 釋放** | 풀 석, 놓을 방 [set free; release] ① 잡혀 있는 사람을 용서하여 풀어[釋] 놓음[放]. ② 법에 의하여 구금을 해제함. ¶ 우리는 인질들의 석방을 위해 그들과 협상했다.

못하여 가이사에게 상소함이요 내 민족을 고발하려는 것이 아니니라.
20. 이러므로 너희를 보고 함께 이야기하려고 청하였으니 이스라엘의 소망으로 말미암아 내가 이 쇠사슬에 매인 바 되었노라.
21. 그들이 이르되 우리가 유대에서 네게 대한 편지도 받은 일이 없고 또 형제 중 누가 와서 네게 대하여 좋지 못한 것을 전하든지 이야기한 일도 없

속뜻단어 풀이

- **상:소 上訴** | 위 상, 하소연할 소 [appeal; recourse] ① 속뜻 위[上]에 하소연함[訴]. ② 법률 하급 법원의 판결에 따르지 않고 상급 법원에 재심을 요구하는 일. 종국 판결에 대하여 항소 · 상고가 인정되고, 결정 및 명령에 대하여 항고 · 재항고 · 특별 항고가 인정된다.
- **소:망 所望** | 것 소, 바랄 망 [desire; wish] 바라는[望] 어떤 것[所]. ¶ 새해 소망. (비) 바람, 소원(所願), 희망(希望).

느니라.

22. 이에 우리가 너의 사상이 어떠한가 듣고자 하니 이 파에 대하여는 어디서든지 반대를 받는 줄 알기 때문이라 하더라.

23. 그들이 날짜를 정하고 그가 유숙하는 집에 많이 오니 바울이 아침부터 저녁까지 강론하여 하나님의 나라를 증언하고 모세의 율법과 선지자의 말을 가지고 예수에 대하여 권하더라.

속뜻단어 풀이

- **유숙 留宿** | 머무를 류, 잠잘 숙 [lodge; stay] 남의 집에서 머무르며[留] 지냄[宿].
- **강:론 講論** | 익힐 강, 논할 론 [discuss; teach] 어떤 문제에 대하여 강설(講說)하고 토론(討論)함. ¶ 목사님이 교리를 강론했다.

24. 그 말을 믿는 사람도 있고 믿지 아니하는 사람도 있어
25. 서로 맞지 아니하여 흩어질 때에 바울이 한 말로 이르되 성령이 선지자 이사야를 통하여 너희 조상들에게 말씀하신 것이 옳도다.
26. 일렀으되 이 백성에게 가서 말하기를 너희가 듣기는 들어도 도무지 깨닫지 못하며 보기는 보아도 도무지 알지 못하는도다.

속뜻단어 풀이

• **조상 祖上** | 할아버지 조, 위 상 [ancestor; forefather] ① 속뜻 선조(先祖)가 된 윗[上]세대의 어른. ¶ 우리는 조상 대대로 이 마을에서 살아왔다. ② 자기 세대 이전의 모든 세대. ¶ 한글에는 조상들의 슬기와 지혜가 담겨 있다. ⓑ 자손(子孫).

• **백성 百姓** | 여러 백, 성씨 성 [people] ① 속뜻 온갖[百] 성씨(姓氏). ② 일반 국민. ¶ 백성은 나라의 근본이다.

27. 이 백성들의 마음이 우둔하여져서 그 귀로는 둔하게 듣고 그 눈은 감았으니 이는 눈으로 보고 귀로 듣고 마음으로 깨달아 돌아오면 내가 고쳐 줄까 함이라 하였으니

28. 그런즉 하나님의 이 구원이 이방인에게로 보내어진 줄 알라 그들은 그것을 들으리라 하더라.

29. (없음)

30. 바울이 온 이태를 자기 셋집에

속뜻단어 풀 이

- **이태** [two years] 두 해. ¶ 그는 집을 나가고 이태 동안 연락이 없다.
- **셋집** [Rented house] 세를 내고 빌려 사는 집.

머물면서 자기에게 오는 사람을 다 영접하고

31. 하나님의 나라를 전파하며 주 예수 그리스도에 관한 모든 것을 담대하게 거침없이 가르치더라.

속뜻단어 풀이

• **영접 迎接** | 맞이할 영, 사귈 접 [receive; greet] 손님을 맞아서[迎] 대접(待接)하는 일.
• **전파 傳播** | 전할 전, 뿌릴 파 [spread; propagate] ① 속뜻 전(傳)하여 널리 퍼뜨림[播]. ¶ 또 복음이 먼저 만국에 전파되어야 할 것이니라. ② 물리 파동이 매질 속을 퍼져 가는 일.

1. 멜리데 섬에 도착한 후에, 바울은 그 섬의 원주민들에게 어떤 오해를 샀다가 다시 전폭적인 신뢰를 받게 되면서 그곳에 있는 많은 환자들을 치료하는 기적을 베푸는 경험을 하게 됩니다(1-10절). 이 과정에서 하나님께서 바울 사도에게 베푸신 은혜는 무엇이었는지 마가복음에 기록된 예수님의 말씀을 찾아서 읽고 생각해보십시오.

( )( ) 자들에게는 이런 표적이 따르리니, 곧 그들이 내 이름으로 ( )( )을 쫓아내며, 새 방언을 말하며, ( )을 집어올리며, 무슨 ( )을 마실지라도 해를 받지 아니하며, 병든 사람에게 ( )을 얹은즉 나으리라 하시더라.(마가복음 16:17-18)

2. 황제의 재판을 받기 위하여 우여곡절 끝에 로마에 도착한 사도 바울은 만 이년 동안 자신의 집을 방문하는 사람들에게 예수님을 믿으라고 성경을 구체적으로 강론하는 방식으로 격려하였습니다(23절). 사도행전은 그의 가르침을 어떻게 설명하고 있나요?

바울이 온 이태를 자기 셋집에 머물면서 자기에게 오는 사람을 다 영접하고 ( )( )( )의 ( )( )를 전파하며, 주 ( )( ) 그리스도에 관한 모든 것을 담대하게 거침없이 가르치더라. (30-31절)

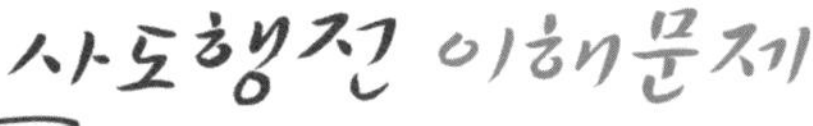

"잠언 따라쓰기" 원고지형

말씀을 읽으면서 따라쓰는 원고지형 말씀따라쓰기의 최초!

'말씀따라쓰기'시리즈는

말씀을 읽으면서 따라쓰도록 구성한 성경 교육용 교재입니다. 원고지형식의 따라쓰기 방식에 단어풀이가 제공되어 어린 자녀부터 부모까지 누구나 쉽게 사용하실 수 있습니다.

교재의 특징

① 말씀을 읽고 쓰면서 성경을 가까이 하도록 돕는 성경교재입니다.
② 따라쓰기 방식으로 글씨교정이 가능합니다.
③ 띄어쓰기, 맞춤법, 원고지작성법을 자연스럽게 익힙니다.
④ 속뜻풀이방식 단어 뜻을 제공함으로 어휘력 증진에 도움이 됩니다.
⑤ 각 장마다 느낀 점이나 기억에 남는 구절들을 적을 수 있도록 묵상노트를 제공합니다.
⑥ 말씀을 계획적으로 읽도록 성경읽기표를 제공합니다. (일반, 맥체인 방식)

잠언을 공부해야 하는 이유는

지혜의 책이라고 불리우는 잠언은 모든 사람의 유익을 위해 기록 되었습니다. 특히 어리석은 사람을 지혜롭게 하며 피해야 할 죄악과 마땅히 행하여야 하는 바를 알게 하며 젊은이들에게는 미숙함과 성급함을 절제하여 지식과 근신함을 알게 하고 있습니다. 잠언의 말씀을 통하여 참된 지혜가 무엇인지 바로 깨닫고 온전한 지식과 바른 생각, 건강하고 경건한 삶의 길로 나아갈 수 있도록 도울 것입니다.

정가 13,500원 / (257×182)mm 300쪽

아임홈스쿨러몰 www.imhmall.com
구입문의 : 050-5504-5404

"요한복음 따라쓰기"

원고지형

잠언따라쓰기에 이은 말씀따라쓰기 제 2탄

'말씀따라쓰기'시리즈는

말씀을 읽으면서 따라쓰도록 구성한 성경 교육용 교재입니다.
원고지형식의 따라쓰기 방식에 단어풀이가 제공되어 어린 자녀부터 부모까지 누구나 쉽게 사용하실 수 있습니다.

교재의 특징

① 말씀을 읽고 쓰면서 성경을 가까이 하도록 돕는 성경교재입니다.
② 따라쓰기 방식으로 글씨교정이 가능합니다.
③ 띄어쓰기, 맞춤법, 원고지작성법을 자연스럽게 익힙니다.
④ 속뜻풀이방식 단어 뜻을 제공함으로 어휘력 증진에 도움이 됩니다.
⑤ 각 장마다 느낀 점이나 기억에 남는 구절들을 적을 수 있도록 묵상노트를 제공합니다.
⑥ 말씀을 계획적으로 읽도록 성경읽기표를 제공합니다. (일반, 맥체인 방식)

요한복음을 공부해야 하는 이유는

요한복음은 사복음서 중에서 가장 깊은 영적인 진리를 담고 있는 복음서입니다. 인류에게 요한복음처럼 영향을 끼친 책도 드물 것입니다.

요한복음은 교회를 포함하여 인류사회를 근본부터 변화시켰고, 사람들을 죄와 온갖 퇴행적인 관습으로부터 해방시킨 엄청난 영적인 진리를 포함하고 있습니다. 그러므로 우리가 요한복음을 읽고 묵상하면 2000년 동안 사람들의 마음을 근본부터 변화시켰던 예수 그리스도의 생명과 영광, 그리고 은혜를 체험할 수 있으며, 보혜사 성령님이 주시는 위로를 체험하게 될 것입니다.

정가 14,000원 / (257×182)mm 336쪽

아임홈스쿨러몰 www.imhmall.com
구입문의 : 050-5504-5404

맥체인 성경읽기표

※ [맥체인 성경읽기표] 를 따라 성경을 읽으면 1년에 신약과 시편은 두번, 시편을 제외한 구약은 한번 읽게 됩니다. 앞의 두 장은 가족이 함께, 뒤의 두장은 개인이 읽으면 좋습니다.

January 01

1 창1 | 마1 | 스1 | 행1
2 창2 | 마2 | 스2 | 행2
3 창3 | 마3 | 스3 | 행3
4 창4 | 마4 | 스4 | 행4
5 창5 | 마5 | 스5 | 행5
6 창6 | 마6 | 스6 | 행6
7 창7 | 마7 | 스7 | 행7
8 창8 | 마8 | 스8 | 행8
9 창9~10 | 마9 | 스9 | 행9
10 창11 | 마10 | 스10 | 행10
11 창12 | 마11 | 느1 | 행11
12 창13 | 마12 | 느2 | 행12
13 창14 | 마13 | 느3 | 행13
14 창15 | 마14 | 느4 | 행14
15 창16 | 마15 | 느5 | 행15
16 창17 | 마16 | 느6 | 행16
17 창18 | 마17 | 느7 | 행17
18 창19 | 마18 | 느8 | 행18
19 창20 | 마19 | 느9 | 행19
20 창21 | 마20 | 느10 | 행20
21 창22 | 마21 | 느11 | 행21
22 창23 | 마22 | 느12 | 행22
23 창24 | 마23 | 느13 | 행23
24 창25 | 마24 | 에1 | 행24
25 창26 | 마25 | 에2 | 행25
26 창27 | 마26 | 에3 | 행26
27 창28 | 마27 | 에4 | 행27
28 창29 | 마28 | 에5 | 행28
29 창30 | 막1 | 에6 | 롬1
30 창31 | 막2 | 에7 | 롬2
31 창32 | 막3 | 에8 | 롬3

February 02

1 창33 | 막4 | 에9~10 | 롬4
2 창34 | 막5 | 욥1 | 롬5
3 창35~36 | 막6 | 욥2 | 롬6
4 창37 | 막7 | 욥3 | 롬7
5 창38 | 막8 | 욥4 | 롬8
6 창39 | 막9 | 욥5 | 롬9
7 창40 | 막10 | 욥6 | 롬10
8 창41 | 막11 | 욥7 | 롬11
9 창42 | 막12 | 욥8 | 롬12
10 창43 | 막13 | 욥9 | 롬13
11 창44 | 막14 | 욥10 | 롬14
12 창45 | 막15 | 욥11 | 롬15
13 창46 | 막16 | 욥12 | 롬16
14 창47 | 눅1:1~38 | 욥13 | 고전1
15 창48 | 눅1: 39~80 | 욥14 | 고전2
16 창49 | 눅2 | 욥15 | 고전3
17 창50 | 눅3 | 욥16~17 | 고전4
18 출1 | 눅4 | 욥18 | 고전5
19 출2 | 눅5 | 욥19 | 고전6
20 출3 | 눅6 | 욥20 | 고전7
21 출4 | 눅7 | 욥21 | 고전8
22 출5 | 눅8 | 욥22 | 고전9
23 출6 | 눅9 | 욥23 | 고전10
24 출7 | 눅10 | 욥24 | 고전11
25 출8 | 눅11 | 욥25 ~ 26 | 고전12
26 출9 | 눅12 | 욥27 | 고전13
27 출10 | 눅13 | 욥28 | 고전14
28 출11:1~12:28 | 눅14 | 욥29 | 고전15

March 03

1 출12:29~51 | 눅15 | 욥30 | 고전16
2 출13 | 눅16 | 욥31 | 고후1
3 출14 | 눅17 | 욥32 | 고후2
4 출15 | 눅18 | 욥33 | 고후3
5 출16 | 눅19 | 욥34 | 고후4
6 출17 | 눅20 | 욥35 | 고후5
7 출18 | 눅21 | 욥36 | 고후6
8 출19 | 눅22 | 욥37 | 고후7
9 출20 | 눅23 | 욥38 | 고후8
10 출21 | 눅24 | 욥39 | 고후9
11 출22 | 요1 | 욥40 | 고후10
12 출23 | 요2 | 욥41 | 고후11
13 출24 | 요3 | 욥42 | 고후12
14 출25 | 요4 | 잠1 | 고후13
15 출26 | 요5 | 잠2 | 갈1
16 출27 | 요6 | 잠3 | 갈2
17 출28 | 요7 | 잠4 | 갈3
18 출29 | 요8 | 잠5 | 갈4
19 출30 | 요9 | 잠6 | 갈5
20 출31 | 요10 | 잠7 | 갈6
21 출32 | 요11 | 잠8 | 엡1
22 출33 | 요12 | 잠9 | 엡2
23 출34 | 요13 | 잠10 | 엡3
24 출35 | 요14 | 잠11 | 엡4
25 출36 | 요15 | 잠12 | 엡5
26 출37 | 요16 | 잠13 | 엡6
27 출38 | 요17 | 잠14 | 빌1
28 출39 | 요18 | 잠15 | 빌2
29 출40 | 요19 | 잠16 | 빌3
30 레1 | 요20 | 잠17 | 빌4
31 레2~3 | 요21 | 잠18 | 골1

April 04

1 레4 | 시1~ 2 | 잠19 | 골2
2 레5 | 시3~4 | 잠20 | 골3
3 레6 | 시5~6 | 잠21 | 골4
4 레7 | 시7~8 | 잠22 | 살전1
5 레8 | 시9 | 잠23 | 살전2
6 레9 | 시10 | 잠24 | 살전3
7 레10 | 시11~12 | 잠25 | 살전4
8 레11~12 | 시13~14 | 잠26 | 살전5
9 레13 | 시15~16 | 잠27 | 살후1
10 레14 | 시17 | 잠28 | 살후2
11 레15 | 시18 | 잠29 | 살후3
12 레16 | 시19 | 잠30 | 딤전1
13 레17 | 시20~21 | 잠31 | 딤전2
14 레18 | 시22 | 전1 | 딤전3
15 레19 | 시23~24 | 전2 | 딤전4
16 레20 | 시25 | 전3 | 딤전5
17 레21 | 시26~27 | 전4 | 딤전6
18 레22 | 시28~29 | 전5 | 딤후1
19 레23 | 시30 | 전6 | 딤후2
20 레24 | 시31 | 전7 | 딤후3
21 레25 | 시32 | 전8 | 딤후4
22 레26 | 시33 | 전9 | 딛1
23 레27 | 시34 | 전10 | 딛2
24 민1 | 시35 | 전11 | 딛3
25 민2 | 시36 | 전12 | 몬1
26 민3 | 시37 | 아1 | 히1
27 민4 | 시38 | 아2 | 히2
28 민5 | 시39 | 아3 | 히3
29 민6 | 시40~41 | 아4 | 히4
30 민7 | 시42~43 | 아5 | 히5

May 05

1 민8 | 시44 | 아6 | 히6
2 민9 | 시45 | 아7 | 히7
3 민10 | 시46~47 | 아8 | 히8
4 민11 | 시48 | 사1 | 히9
5 민12~13 | 시49 | 사2 | 히10
6 민14 | 시50 | 사3~4 | 히11
7 민15 | 시51 | 사5 | 히12
8 민16 | 시52~54 | 사6 | 히13
9 민17~18 | 시55 | 사7 | 약1
10 민19 | 시56~57 | 사8:1~9:7 | 약2
11 민20 | 시58~59 | 사9:8~10:4 | 약3
12 민21 | 시60~61 | 사10:5~34 | 약4
13 민22 | 시62~63 | 사11~12 | 약5
14 민23 | 시64~65 | 사13 | 벧전1
15 민24 | 시66~67 | 사14 | 벧전2
16 민25 | 시68 | 사15 | 벧전3
17 민26 | 시69 | 사16 | 벧전4
18 민27 | 시70~71 | 사17~18 | 벧전5
19 민28 | 시72 | 사19~20 | 벧후1
20 민29 | 시73 | 사21 | 벧후2
21 민30 | 시74 | 사22 | 벧후3
22 민31 | 시75~76 | 사23 | 요일1
23 민32 | 시77 | 사24 | 요일2
24 민33 | 시78:1~37 | 사25 | 요일3
25 민34 | 시78:38~72 | 사26 | 요일4
26 민35 | 시79 | 사27 | 요일5
27 민36 | 시80 | 사28 | 요이1
28 신1 | 시81~82 | 사29 | 요삼1
29 신2 | 시83~84 | 사30 | 유1
30 신3 | 시85 | 사31 | 계1
31 신4 | 시86~87 | 사32 | 계2

June 06

1 신5 | 시88 | 사33 | 계3
2 신6 | 시89 | 사34 | 계4
3 신7 | 시90 | 사35 | 계5
4 신8 | 시91 | 사36 | 계6
5 신9 | 시92~93 | 사37 | 계7
6 신10 | 시94 | 사38 | 계8
7 신11 | 시95~96 | 사39 | 계9
8 신12 | 시97~98 | 사40 | 계10
9 신13~14 | 시99~101 | 사41 | 계11
10 신15 | 시102 | 사42 | 계12
11 신16 | 시103 | 사43 | 계13
12 신17 | 시104 | 사44 | 계14
13 신18 | 시105 | 사45 | 계15
14 신19 | 시106 | 사46 | 계16
15 신20 | 시107 | 사47 | 계17
16 신21 | 시108~109 | 사48 | 계18
17 신22 | 시110~111 | 사49 | 계19
18 신23 | 시112~113 | 사50 | 계20
19 신24 | 시114~115 | 사51 | 계21
20 신25 | 시116 | 사52 | 계22
21 신26 | 시117~118 | 사53 | 마1
22 신27:1~28:19 | 시119:1~24 | 사54 | 마2
23 신28:20~68 | 시119:25~48 | 사55 | 마3
24 신29 | 시119:49~72 | 사56 | 마4
25 신30 | 시119:73~96 | 사57 | 마5
26 신31 | 시119:97 ~120 | 사58 | 마6
27 신32 | 시119:121~144 | 사59 | 마7
28 신33~34 | 시119:145~176 | 사60 | 마8
29 수1 | 시120~122 | 사61 | 마9
30 수2 | 시123~125 | 사62 | 마10

July 07	
1	수3 | 시126~128 | 사63 | 마11
2	수4 | 시129~131 | 사64 | 마12
3	수5:1~6:5 | 시132~134 | 사65 | 마13
4	수6:6~27 | 시135~136 | 사66 | 마14
5	수7 | 시137~138 | 렘1 | 마15
6	수8 | 시139 | 렘2 | 마16
7	수9 | 시140~141 | 렘3 | 마17
8	수10 | 시142~143 | 렘4 | 마18
9	수11 | 시144 | 렘5 | 마19
10	수12~13 | 시145 | 렘6 | 마20
11	수14~15 | 시146~147 | 렘7 | 마21
12	수16~17 | 시148 | 렘8 | 마22
13	수18~19 | 시149~150 | 렘9 | 마23
14	수20~21 | 행1 | 렘10 | 마24
15	수22 | 행2 | 렘11 | 마25
16	수23 | 행3 | 렘12 | 마26
17	수24 | 행4 | 렘13 | 마27
18	삿1 | 행5 | 렘14 | 마28
19	삿2 | 행6 | 렘15 | 막1
20	삿3 | 행7 | 렘16 | 막2
21	삿4 | 행8 | 렘17 | 막3
22	삿5 | 행9 | 렘18 | 막4
23	삿6 | 행10 | 렘19 | 막5
24	삿7 | 행11 | 렘20 | 막6
25	삿8 | 행12 | 렘21 | 막7
26	삿9 | 행13 | 렘22 | 막8
27	삿10:1~11:11 | 행14 | 렘23 | 막9
28	삿11:12 ~40 | 행15 | 렘24 | 막10
29	삿12 | 행16 | 렘25 | 막11
30	삿13 | 행17 | 렘26 | 막12
31	삿14 | 행18 | 렘27 | 막13

August 08	
1	삿15 | 행19 | 렘28 | 막14
2	삿16 | 행20 | 렘29 | 막15
3	삿17 | 행21 | 렘30~31 | 막16
4	삿18 | 행22 | 렘32 | 시1~2
5	삿19 | 행23 | 렘33 | 시3~4
6	삿20 | 행24 | 렘34 | 시5~6
7	삿21 | 행25 | 렘35 | 시7~8
8	룻1 | 행26 | 렘36~37 | 시9
9	룻2 | 행27 | 렘38 | 시10
10	룻3~4 | 행28 | 렘39 | 시11~12
11	삼상1 | 롬1 | 렘40 | 시13~14
12	삼상2 | 롬2 | 렘41 | 시15~16
13	삼상3 | 롬3 | 렘42 | 시17
14	삼상4 | 롬4 | 렘43 | 시18
15	삼상5~6 | 롬5 | 렘44 | 시19
16	삼상7~8 | 롬6 | 렘45 | 시20~21
17	삼상9 | 롬7 | 렘46 | 시22
18	삼상10 | 롬8 | 렘47 | 시23~24
19	삼상11 | 롬9 | 렘48 | 시25
20	삼상12 | 롬10 | 렘49 | 시26~27
21	삼상13 | 롬11 | 렘50 | 시28~29
22	삼상14 | 롬12 | 렘51 | 시30
23	삼상15 | 롬13 | 렘52 | 시31
24	삼상16 | 롬14 | 애1 | 시32
25	삼상17 | 롬15 | 애2 | 시33
26	삼상18 | 롬16 | 애3 | 시34
27	삼상19 | 고전1 | 애4 | 시35
28	삼상20 | 고전2 | 애5 | 시36
29	삼상21~22 | 고전3 | 겔1 | 시37
30	삼상23 | 고전4 | 겔2 | 시38
31	삼상24 | 고전5 | 겔3 | 시39

September 09	
1	삼상25 | 고전6 | 겔4 | 시40~41
2	삼상26 | 고전7 | 겔5 | 시42~43
3	삼상27 | 고전8 | 겔6 | 시44
4	삼상28 | 고전9 | 겔7 | 시45~46
5	삼상29~30 | 고전10 | 겔8 | 시47
6	삼상31 | 고전11 | 겔9 | 시48
7	삼하1 | 고전12 | 겔10 | 시49
8	삼하2 | 고전13 | 겔11 | 시50
9	삼하3 | 고전14 | 겔12 | 시51
10	삼하4~5 | 고전15 | 겔13 | 시52~54
11	삼하6 | 고전16 | 겔14 | 시55
12	삼하7 | 고후1 | 겔15 | 시56~57
13	삼하8~9 | 고후2 | 겔16 | 시58~59
14	삼하10 | 고후3 | 겔17 | 시60~61
15	삼하11 | 고후4 | 겔18 | 시62~63
16	삼하12 | 고후5 | 겔19 | 시64~65
17	삼하13 | 고후6 | 겔20 | 시66~67
18	삼하14 | 고후7 | 겔21 | 시68
19	삼하15 | 고후8 | 겔22 | 시69
20	삼하16 | 고후9 | 겔23 | 시70~71
21	삼하17 | 고후10 | 겔24 | 시72
22	삼하18 | 고후11 | 겔25 | 시73
23	삼하19 | 고후12 | 겔26 | 시74
24	삼하20 | 고후13 | 겔27 | 시75~76
25	삼하21 | 갈1 | 겔28 | 시77
26	삼하22 | 갈2 | 겔29 | 시78:1~37
27	삼하23 | 갈3 | 겔30 | 시78:38~72
28	삼하24 | 갈4 | 겔31 | 시79
29	왕상1 | 갈5 | 겔32 | 시80
30	왕상2 | 갈6 | 겔33 | 시81~82

October 10	
1	왕상3 | 엡1 | 겔34 | 시83~84
2	왕상4~5 | 엡2 | 겔35 | 시85
3	왕상6 | 엡3 | 겔36 | 시86
4	왕상7 | 엡4 | 겔37 | 시87~88
5	왕상8 | 엡5 | 겔38 | 시89
6	왕상9 | 엡6 | 겔39 | 시90
7	왕상10 | 빌1 | 겔40 | 시91
8	왕상11 | 빌2 | 겔41 | 시92~93
9	왕상12 | 빌3 | 겔42 | 시94
10	왕상13 | 빌4 | 겔43 | 시95~96
11	왕상14 | 골1 | 겔44 | 시97~98
12	왕상15 | 골2 | 겔45 | 시99~101
13	왕상16 | 골3 | 겔46 | 시102
14	왕상17 | 골4 | 겔47 | 시103
15	왕상18 | 살전1 | 겔48 | 시104
16	왕상19 | 살전2 | 단1 | 시105
17	왕상20 | 살전3 | 단2 | 시106
18	왕상21 | 살전4 | 단3 | 시107
19	왕상22 | 살전5 | 단4 | 시108~109
20	왕하1 | 살후1 | 단5 | 시110~111
21	왕하2 | 살후2 | 단6 | 시112 ~113
22	왕하3 | 살후3 | 단7 | 시114~115
23	왕하4 | 딤전1 | 단8 | 시116
24	왕하5 | 딤전2 | 단9 | 시117~118
25	왕하6 | 딤전3 | 단10 | 시119:1~ 24
26	왕하7 | 딤전4 | 단11 | 시119:25~48
27	왕하8 | 딤전5 | 단12 | 시119:49~72
28	왕하9 | 딤전6 | 호1 | 시119:73~96
29	왕하10 | 딤후1 | 호2 | 시119:97~120
30	왕하11~12 | 딤후2 | 호3~4 | 시119:121~144
31	왕하13 | 딤후3 | 호5~6 | 시119:145~176

November 11	
1	왕하14 | 딤후4 | 호7 | 시120~122
2	왕하15 | 딛1 | 호8 | 시123~125
3	왕하16 | 딛2 | 호9 | 시126~128
4	왕하17 | 딛3 | 호10 | 시129~131
5	왕하18 | 몬1 | 호11 | 시132 ~134
6	왕하19 | 히1 | 호12 | 시135 ~136
7	왕하20 | 히2 | 호13 | 시137 ~138
8	왕하21 | 히3 | 호14 | 시139
9	왕하22 | 히4 | 욜1 | 시140~141
10	왕하23 | 히5 | 욜2 | 시142
11	왕하24 | 히6 | 욜3 | 시143
12	왕하25 | 히7 | 암1 | 시144
13	대상1~ 2 | 히8 | 암2 | 시145
14	대상3~4 | 히9 | 암3 | 시146~147
15	대상5~6 | 히10 | 암4 | 시148~150
16	대상7 ~8 | 히11 | 암5 | 눅1:1~38
17	대상9 ~ 10 | 히12 | 암6 | 눅1:39~80
18	대상11 ~12 | 히13 | 암7 | 눅2
19	대상13~14 | 약1 | 암8 | 눅3
20	대상15 | 약2 | 암9 | 눅4
21	대상16 | 약3 | 옵1 | 눅5
22	대상17 | 약4 | 욘1 | 눅6
23	대상18 | 약5 | 욘2 | 눅7
24	대상19~20 | 벧전1 | 욘3 | 눅8
25	대상21 | 벧전2 | 욘4 | 눅9
26	대상22 | 벧전3 | 미1 | 눅10
27	대상23 | 벧전4 | 미2 | 눅11
28	대상24~25 | 벧전5 | 미3 | 눅12
29	대상26~27 | 벧후1 | 미4 | 눅13
30	대상28 | 벧후2 | 미5 | 눅14

December 12	
1	대상29 | 벧후3 | 미6 | 눅15
2	대하1 | 요일1 | 미7 | 눅16
3	대하2 | 요일2 | 나1 | 눅17
4	대하3~4 | 요일3 | 나2 | 눅18
5	대하5:1~6:11 | 요일4 | 나3 | 눅19
6	대하6:12~42 | 요일5 | 합1 | 눅20
7	대하7 | 요이1 | 합2 | 눅21
8	대하8 | 요삼1 | 합3 | 눅22
9	대하9 | 유1 | 습1 | 눅23
10	대하10 | 계1 | 습2 | 눅24
11	대하11~12 | 계2 | 습3 | 요1
12	대하13 | 계3 | 학1 | 요2
13	대하14~15 | 계4 | 학2 | 요3
14	대하16 | 계5 | 슥1 | 요4
15	대하17 | 계6 | 슥2 | 요5
16	대하18 | 계7 | 슥3 | 요6
17	대하19~20 | 계8 | 슥4 | 요7
18	대하21 | 계9 | 슥5 | 요8
19	대하22~23 | 계10 | 슥6 | 요9
20	대하24 | 계11 | 슥7 | 요10
21	대하25 | 계12 | 슥8 | 요11
22	대하26 | 계13 | 슥9 | 요12
23	대하27 ~ 28 | 계14 | 슥10 | 요13
24	대하29 | 계15 | 슥11 | 요14
25	대하30 | 계16 | 슥12:1~13:1 | 요15
26	대하31 | 계17 | 슥13:2~9 | 요16
27	대하32 | 계18 | 슥14 | 요17
28	대하33 | 계19 | 말1 | 요18
29	대하34 | 계20 | 말2 | 요19
30	대하35 | 계21 | 말3 | 요20
31	대하36 | 계22 | 말4 | 요21

성경읽기표

※ 매일 하루 3장씩 성경을 읽으면 1년 1독이 가능합니다.

구약성경

책	장
창세기	1 2 3 4 5 6 7 8 9 10 11 12 13 14 15 16 17 18 19 20 21 22 23 24 25 26 27 28 29 30 31 32 33 34 35 36 37 38 39 40 41 42 43 44 45 46 47 48 49 50
출애굽기	1 2 3 4 5 6 7 8 9 10 11 12 13 14 15 16 17 18 19 20 21 22 23 24 25 26 27 28 29 30 31 32 33 34 35 36 37 38 39 40
레위기	1 2 3 4 5 6 7 8 9 10 11 12 13 14 15 16 17 18 19 20 21 22 23 24 25 26 27
민수기	1 2 3 4 5 6 7 8 9 10 11 12 13 14 15 16 17 18 19 20 21 22 23 24 25 26 27 28 29 30 31 32 33 34 35 36
신명기	1 2 3 4 5 6 7 8 9 10 11 12 13 14 15 16 17 18 19 20 21 22 23 24 25 26 27 28 29 30 31 32 33 34
여호수아	1 2 3 4 5 6 7 8 9 10 11 12 13 14 15 16 17 18 19 20 21 22 23 24
사사기	1 2 3 4 5 6 7 8 9 10 11 12 13 14 15 16 17 18 19 20 21
룻기	1 2 3 4
사무엘상	1 2 3 4 5 6 7 8 9 10 11 12 13 14 15 16 17 18 19 20 21 22 23 24 25 26 27 28 29 30 31
사무엘하	1 2 3 4 5 6 7 8 9 10 11 12 13 14 15 16 17 18 19 20 21 22 23 24
열왕기상	1 2 3 4 5 6 7 8 9 10 11 12 13 14 15 16 17 18 19 20 21 22
열왕기하	1 2 3 4 5 6 7 8 9 10 11 12 13 14 15 16 17 18 19 20 21 22 23 24 25
역대상	1 2 3 4 5 6 7 8 9 10 11 12 13 14 15 16 17 18 19 20 21 22 23 24 25 26 27 28 29
역대하	1 2 3 4 5 6 7 8 9 10 11 12 13 14 15 16 17 18 19 20 21 22 23 24 25 26 27 28 29 30 31 32 33 34 35 36
에스라	1 2 3 4 5 6 7 8 9 10
느헤미야	1 2 3 4 5 6 7 8 9 10 11 12 13
에스더	1 2 3 4 5 6 7 8 9 10
욥기	1 2 3 4 5 6 7 8 9 10 11 12 13 14 15 16 17 18 19 20 21 22 23 24 25 26 27 28 29 30 31 32 33 34 35 36 37 38 39 40 41 42
시편	1 2 3 4 5 6 7 8 9 10 11 12 13 14 15 16 17 18 19 20 21 22 23 24 25 26 27 28 29 30 31 32 33 34 35 36 37 38 39 40 41 42 43 44 45 46 47 48 49 50 51 52 53 54 55 56 57 58 59 60 61 62 63 64 65 66 67 68 69 70 71 72 73 74 75 76 77 78 79 80 81 82 83 84 85 86 87 88 89 90 91 92 93 94 95 96 97 98 99 100 101 102 103 104 105 106 107 108 109 110 111 112 113 114 115 116 117 118 119 120 121 122 123 124 125 126 127 128 129 130 131 132 133 134 135 136 137 138 139 140 141 142 143 144 145 146 147 148 149 150
잠언	1 2 3 4 5 6 7 8 9 10 11 12 13 14 15 16 17 18 19 20 21 22 23 24 25 26 27 28 29 30 31
전도서	1 2 3 4 5 6 7 8 9 10 11 12
아가	1 2 3 4 5 6 7 8
이사야	1 2 3 4 5 6 7 8 9 10 11 12 13 14 15 16 17 18 19 20 21 22 23 24 25 26 27 28 29 30 31 32 33 34 35 36 37 38 39 40 41 42 43 44 45 46 47 48 49 50 51 52 53 54 55 56 57 58 59 60 61 62 63 64 65 66
예레미야	1 2 3 4 5 6 7 8 9 10 11 12 13 14 15 16 17 18 19 20 21 22 23 24 25 26 27 28 29 30 31 32 33 34 35 36 37 38 39 40 41 42 43 44 45 46 47 48 49 50 51 52
예레미야애가	1 2 3 4 5
에스겔	1 2 3 4 5 6 7 8 9 10 11 12 13 14 15 16 17 18 19 20 21 22 23 24 25 26 27 28 29 30 31 32 33 34 35 36 37 38 39 40 41 42 43 44 45 46 47 48
다니엘	1 2 3 4 5 6 7 8 9 10 11 12

책	장
호세아	1 2 3 4 5 6 7 8 9 10 11 12 13 14
요엘	1 2 3
아모스	1 2 3 4 5 6 7 8 9
오바댜	1
요나	1 2 3 4
미가	1 2 3 4 5 6 7
나훔	1 2 3
하박국	1 2 3
스바냐	1 2 3
학개	1 2
스가랴	1 2 3 4 5 6 7 8 9 10 11 12 13 14
말라기	1 2 3 4

신약성경

책	장
마태복음	1 2 3 4 5 6 7 8 9 10 11 12 13 14 15 16 17 18 19 20 21 22 23 24 25 26 27 28
마가복음	1 2 3 4 5 6 7 8 9 10 11 12 13 14 15 16
누가복음	1 2 3 4 5 6 7 8 9 10 11 12 13 14 15 16 17 18 19 20 21 22 23 24
요한복음	1 2 3 4 5 6 7 8 9 10 11 12 13 14 15 16 17 18 19 20 21
사도행전	1 2 3 4 5 6 7 8 9 10 11 12 13 14 15 16 17 18 19 20 21 22 23 24 25 26 27 28
로마서	1 2 3 4 5 6 7 8 9 10 11 12 13 14 15 16
고린도전서	1 2 3 4 5 6 7 8 9 10 11 12 13 14 15 16
고린도후서	1 2 3 4 5 6 7 8 9 10 11 12 13
갈라디아서	1 2 3 4 5 6
에베소서	1 2 3 4 5 6
빌립보서	1 2 3 4
골로새서	1 2 3 4
데살로니가전서	1 2 3 4 5
데살로니가후서	1 2 3
디모데전서	1 2 3 4 5 6
디모데후서	1 2 3 4
디도서	1 2 3
빌레몬서	1
히브리서	1 2 3 4 5 6 7 8 9 10 11 12 13
야고보서	1 2 3 4 5
베드로전서	1 2 3 4 5
베드로후서	1 2 3
요한일서	1 2 3 4 5
요한이서	1
요한삼서	1
유다서	1
요한계시록	1 2 3 4 5 6 7 8 9 10 11 12 13 14 15 16 17 18 19 20 21 22